探索与争鸣
Exploration And Free Views
有学术的思想

《探索与争鸣》编辑部　编

历史没有旁观者

俞吾金——著

商务印书馆
创于1897
The Commercial Press

· 纪念俞吾金教授逝世十周年 ·

探索不停，争鸣不已，为追求真理而奋斗。

——为《探索与争鸣》杂志创刊二十周年而题

俞吾金

二〇〇五年十月廿日

俞吾金（1948—2014），复旦大学文科资深教授、哲学学院教授，曾担任《探索与争鸣》学术指导委员会委员。先生生前以无比诚挚的感情关爱《探索与争鸣》杂志的成长和发展，悉心指导刊物的选题策划等工作。先生以深厚的哲学理论功底，分析社会现实问题，使高深的哲学理论变得生动活泼。自1987年开始为《探索与争鸣》撰稿以来，先生在近30年的时间里共为《探索与争鸣》撰写了36篇精彩的文章，在学术界广受好评。

俞吾金先生在为学生授课

俞吾金先生和夫人张德堃女士

俞吾金先生2008年参加《探索与争鸣》编辑部在安吉组织的考察活动

俞吾金先生和王邦佐先生2008年参加《探索与争鸣》编辑部在莫干山组织的考察活动

俞吾金先生2009年参加《探索与争鸣》编辑部在浙江组织的考察活动

俞吾金先生2009年参加《探索与争鸣》编辑部在浙江组织的考察活动

序一 | 俞吾金的哲学探索与理论贡献

吴晓明

俞吾金教授是我国哲学界的著名学者，是我们这一代学人中的出类拔萃者。对我来说，他既是同学和同事，又是朋友和兄长。我们是恢复高考后首届考入复旦大学哲学系的同窗，住同一个宿舍。虽说在宿舍里他年岁居长，却是最为朝气蓬勃的。每天早晨，他总是第一个起床，他的拖鞋声便像是起床哨，将我们唤醒到又一个青春洋溢的日子。他时常穿一身洗得发白却非常得体的军装，健硕而有神采，在操场上的表现远超同学中的小青年。他是特别与人为善的，在我的记忆中，他似乎总在微笑。他的笑是迷人的，而他的充沛活力能够感染人，包括感染像我这样颇为怠惰的人。

在那个年代，我们的青春活力几乎完全倾注到了学业中。在所有的同学中，俞吾金是一个好学深思的榜样，或者说，他在班上总是处在学与思的“先锋”位置上。他要求自己每天读150页的书，睡前定要完成。一开始，他还专注于向往已久的文学，一来是“文艺青年”的夙愿，二来是因为终于有机会沉浸到先前只有在梦中才能邂逅的书海中去了。每当他从图书馆背着书包最后一个回到宿舍时，大抵便是熄灯的前后，于是那摸黑夜谈的时光就几乎被他独占了。先是讲了一个多月的莎士比亚和歌德，后来大多是巴尔扎克和狄更斯，最后便是托尔斯泰和陀思妥耶夫斯基。

好在一屋子的室友都还保留着不少的文学情怀，这情怀有了一个共鸣之地，以至于我们后来每天都很期待这美好的分享时刻了。

但是不久以后，俞吾金便开始从文学转到哲学。据说有一位老师很欣赏俞吾金的才华，便找他谈了一次话，希望他集中于专业，在哲学上一展才华。不出所料，这个转向很快到来了。我们突然发现他的言谈口吻似乎开始颇有些智者派的风格了——这一步转得很合适，也很顺畅。黑格尔曾说过，智者们就是教人熟悉思维，以代替“诗篇的知识”。在本科三年级，俞吾金就在《国内哲学动态》上发表了他的哲学论文《“蜡块说”小考》，这在班里乃至系里都引起了不小的震动。不久以后，他便在同学中得了个“苏老师”（苏格拉底）的雅号。看来并非偶然，他在后来的研究中曾对智者派（特别是普罗泰戈拉）专门下过功夫，而且他的哲学作品中也长久地保持着敏锐的辩才与文学的冲动；同样并非偶然，后来复旦大学将“狮城舌战”（在新加坡举行的首届国际华语大专辩论赛）的总教练和领队的重任托付给他，结果是整个团队所向披靡并一举夺得了冠军奖杯。

本科毕业后，我们一起考上了研究生，1984年底又一起留校任教，成了同事。过了两年，又一起考上了在职博士生，师从胡曲园先生，于是成为同学兼同事，后来又坐同一架飞机到哈佛大学访学。总之，自1978年进入复旦大学哲学系以来，我们是过从甚密的，这不仅是因为相处日久，更多的是由于志趣相投。这种相投并不是说在哲学或文学上的意见完全一致，而是说我们时常有着共同的问题域，并能使有差别的观点在其中形成积极的和有意义的对话。俞吾金向来如我的兄长，在日常交往中，他和嫂夫人总让我有如沐春风之感；而在学术思想上，他也总是一个生气勃勃地冲在前面的追问者。他是一个犀利而有幽默感的人，所以我们之间的对话常能紧张而又愉悦地进行。俞吾金曾寓居于复旦大学青年教师宿舍，为保证阅读和工作时间，他在门上贴了张字条:“除周三下午外，其余时间概不接待。”我周二到他的宿舍，见了字条颇有点进退两难，于是便取出笔来在字条上加写一行:“吴晓明除外。”当我敲门进去时，他却很有点欣喜，仿佛是“一心以为有鸿鹄之将至”的感觉。就这样，我违规占用了他一整个下午；当我心满意足地告辞时，却忘记去掉字条上的附言，结果还招致了同事们对我“搞特殊化”的戏谑。

作为哲学学者，俞吾金主要在三个方面展开他长达30多年的研究工作，而他的学术贡献也集中地体现在这三个方面，即当代国外马克思主义、马克思哲学、西方哲学史。对他来说，这三个方面并不是彼此分离的三个领域，而是本质相关地联系起来的一个整体，并且共同服务于思想理论上的持续探索和不断深化。我们刚进复旦大学时，还不知西方马克思主义为何物；而当我们攻读博士学位时，卢卡奇的《历史与阶级意识》已经是我们必须面对并有待消化的关键文献了。如果说这部开端性的文献及其后承在很大程度上构成了与“梅林—普列汉诺夫正统”的对立，那么，系统地研究和探讨国外马克思主义的立场、观点和方法，就成为哲学研究（特别是马克思主义哲学研究）的一项重大任务了。俞吾金在这方面是走在前列的，他不仅系统研究了卢卡奇、科尔什、葛兰西等人的重要哲学文献，而且很快又进入法兰克福学派、存在主义的马克思主义、弗洛伊德主义的马克思主义、结构主义的马克思主义等。不久，哲学系组建了以俞吾金为首的当代国外马克思主义教研室，他和陈学明教授又共同主编了在国内哲学界影响深远的系列教材和文献，并有大量的论文、论著和译著问世，从而使复旦大学在这方面成为国内研究的重镇并处于领先地位。2000年，教育部在复旦大学建立国内唯一的“当代国外马克思主义研究中心”（人文社会科学重点研究基地），俞吾金自此一直担任该基地的主任，直到2014年去世。他组织并领导了内容广泛的理论引进、不断深入的学术研究，以及愈益扩大和加深的国内外交流。如果说40年前人们对当代国外马克思主义还几乎一无所知，而今天中国的学术界已经能够非常切近地追踪到其前沿了，这固然取决于学术界同仁的共同努力，但俞吾金当之无愧地属于其中的厥功至伟者之一。

当俞吾金负责组建当代国外马克思主义学科时，他曾很热情地邀请我加入团队，我也非常愿意进入这个当时颇受震撼而又所知不多的新领域。但我所在的马克思主义哲学史教研室却执意留我。于是他便安慰我说，这样也好，“副本”和“原本”都需要研究，你我各在一处，时常可以探讨，岂不相得益彰？看来他对于“原本”——马克思哲学本身——是更加情有独钟的。他完全不满足于仅仅对当代国外马克思主义的各种文本、观点和内容的引进、介绍，而是试图在哲学理论的根基上去深入地理解它们，并对其开展卓有成效的批判性发挥和对话。为了使这样的发挥和对话成为可能，他需要在马克思哲学基础理论的研究方面获得持续不断的推进与深化。因此，俞吾金对当代国外马克思主义的探索总是伴随着他对马克思哲学本身的研究，前者在广度上的拓展与后者在深度上的推进是步调一致、相辅相成的。

在马克思哲学基础理论的研究领域，俞吾金的研究成果突出地体现在以下几个方面。第一，他明确主张，马克思哲学的本质特征必须从其本体论的基础上加以深入把握。以往的理解方案往往是从近代认识论的角度提出问题，而真正的关键恰恰在于从本体论的层面去理解、阐述和重建马克思哲学的理论体系。第二，就这样一种本体论立场来说，马克思哲学是一种“广义的历史唯物主义”。俞吾金认为，在这样的意义上，马克思哲学的本体论基础应当被把握为“实践—社会关系本体论”。它不仅批判地超越了以往的本体论（包括旧唯物主义的本体论）立场，而且恰恰构成了马克思全部学说的决定性根基。第三，马克思“实践”概念的意义不可能局限在认识论的范围内得到充分的把握；毋宁说，它在广义的历史唯物主义中首先是作为本体论原则来起作用的。在俞吾金看来，将实践理解为马克思认识论的基础与核心，相较于近代西方认识论无疑是一大进步；但如果将“实践”概念限制在认识论层面，就会忽视其根本而首要的本体论意义。对于马克思来说，至为关键的是，只有在实践的本体论层面上，人们的现实生活才会作为决定性的存在进入哲学的把握中，从而人们的劳动和交往，乃至人们的全部社会生活和整个历史性行程，才会从根本上进入哲学理论的视域中。第四，如果说广义的历史唯物主义构成了马克思哲学的实质，那么这一哲学同时也意味着“意识形态批判”，因为一般意识形态把思想、意识、观念等看作决定性原则，唯物史观则恰恰相反，要求将思想、意识、观念等本质性导回到人们的现实生活过程之中。在此意义上，俞吾金把意识形态批判称为“元批判”，因而将立足于实践的历史唯物主义叫作“实践诠释学”。我认为，上述这些重要观点不仅在当时是先进的和极具启发性的，直到今天，对于马克思哲学之实质的理解来说，依然是关乎根本的和意义深远的。

俞吾金的博士学位论文以《意识形态论》为题，我则提交了《历史唯物主义的主体概念》和他一起参加答辩。答辩主席是华东师范大学的冯契先生。冯先生不仅高度肯定了俞吾金对马克思意识形态批判理论的出色研究，而且用“长袖善舞”一词来评价这篇论文的特点。学术上要做到长袖善舞，是非常不易的：不仅要求涉猎广泛，而且要能握其枢机。俞吾金之所以能够臻此境地，得益于他对哲学史的潜心研究；而在哲学史方面的长期探索，不仅极大地支持并深化了他的马克思哲学研究，而且使他成为著名的西方哲学史的研究专家。

就与马克思主义哲学相关的西方哲学研究而言，他专注于德国古典哲学，特别是康德、黑格尔哲学的研究。他很明确地主张：对马克思哲学的深入理解，一刻也离不开对德国观念论传统的积极把握；要完整地说明马克思的哲学革命及其重大意义，不仅要先行领会康德的“哥白尼式革命”，而且要深入把握由此而来并在黑格尔那里得到充分发展的历史性辩证法。他认为，作为康德哲学核心问题的因果性与自由的关系问题，在“按照自然律的因果性”和“由自由而来的因果性”的分析中，得到了积极的推进。黑格尔关于自由的理论可被视为对康德的“自由因果性”概念的一种回应：为了使“自由”和“自由因果性”概念获得现实性，黑格尔试图引入辩证法，以使自由因果性和自然因果性统一起来。

在俞吾金看来，这里的关键在于“历史因果性”维度的引入——历史因果性是必然性的一个方面，也是必然性与自由相统一的关节点。因此，正是通过对黑格尔的精神现象学、法哲学和历史哲学等思想内容的批判性借鉴，马克思将目光转向人类社会发展中的历史因果性；但马克思又否定了黑格尔仅仅停留于单纯精神层面谈论自然因果性和历史因果性的哲学立场，要求将这两种因果性结合进现实的历史运动中，尤其是使其进入对市民社会的解剖中。这个例子可以表明，对马克思哲学不断深化的理解，需要在多大程度上深入到哲学史的领域之中。正如列宁曾经说过的那样：不读黑格尔的《逻辑学》，便无法真正理解马克思的《资本论》。

就西方哲学的整体研究而言，俞吾金的探讨可谓细大不捐，其涉猎之广在当代中国学者中是罕见的。他不仅研究过古希腊哲学（特别是柏拉图和亚里士多德哲学），而且专门研究过智者派哲学、斯宾诺莎哲学和叔本华哲学等。除非常集中地钻研德国古典哲学之外，他还更为宏观地考察了西方哲学在当代实现的“范式转换”。他将这一转换概括为“从传统知识论到实践生存论”的发展，并将其理解为西方哲学发展中的一条根本线索。为此，他对海德格尔哲学下了很大的功夫，不仅精详地考察了海德格尔的“存在论差异”和“世界”概念，而且深入地探讨了海德格尔的现代性批判及其意义。如果说马克思的哲学变革是西方哲学范式转换中划时代的里程碑，那么海德格尔的基础存在论便为说明这一转换提供了重要的思想材料。在这里，西方哲学史的研究再度与马克思哲学的研究贯通起来：俞吾金不仅以哲学的当代转向为基本视野考察整个西方哲学史，并在这一思想转向的框架中理解马克思的哲学变革，而且站在这一变革的立场上重新审视西方哲学，特别是德国古典哲学和当代西方哲学。就此而言，俞吾金在马克思主义哲学和西方哲学的研究上可以说是齐头并进的，并且因此在这两个学术圈子中同时享有极高的声誉和地位。这样的一种研究方式固然可以被看作他本人的学术取向，但这种取向无疑深深地浸染着也成就着复旦大学哲学学术的独特氛围。在这样的氛围中，当代国外马克思主义的研究要立足于对马克思哲学本身的深入理解，而对马克思哲学理解的深化又有必要进入哲学史研究的广大区域之中。

2024年10月31日，是俞吾金离开我们十周年的纪念日。2014年，我撰写的一副挽联是："哲人其萎乎，梁木倾颓；桃李方盛也，枝叶滋荣。"我们既痛惜一位学术大家的离去，更瞩望新一代学术星丛的冉冉升起。我尤其怀念这位敏锐、博学而又优雅的同仁，怀念我们一起学习和工作的那些美好时光。一代人有一代人的使命，俞吾金勤勉而又卓越地完成了他的使命：他将自己从事哲学的探索方式和研究风格贡献给了复旦哲学的学术共同体，使之成为这个共同体悠长传统的组成部分；他更将自己取得的学术成果作为思想、观点和理论播撒到广阔的研究领域，并因而成为进一步推进我国哲学学术的重要支点和不可能匆匆越过的必要环节。

序二 | 博学睿智留典范，德音长存月更明

——纪念好友俞吾金

赵敦华

大概在1990年的一次会上，我和俞吾金相识。第一次见面，我就被他的渊博知识和勤奋态度所吸引，他的发言“中西马”旁征博引，头头是道。别人发言时，他掏出本书来阅读，实则是边读边听。到提问环节，他首先举手要求发言，我对他“一心两用”的本事很是佩服。此后每次到上海开会交流，我都要和他见面。吾金睿智、风趣，有几次他和张老师还邀请我们夫妇到他家里做客。他爱喝红酒，有时一瓶红酒几乎全是他喝的，席间会畅谈他经历的往事，从学习、工作到生活习惯，无所不谈。2014年，吾金在一份报纸上谈破除“数字迷信”，说他从不相信“6”的吉利，他今年66岁，怕是“流年不利”了。我和同事们都说这个玩笑过分了，谁知竟一语成谶。我和吾金最后一面是在那年五六月间在复旦附近的皇冠酒店，那时我正在用中餐，遇见他们夫妇。我们最后谈到汪堂家教授去世前后的一些事情，不胜唏嘘。我没有意识到，吾金那时或许已经有了脑瘤的征兆。吾金是病倒在国外马克思论坛上的，他是被呕心沥血的工作累垮的。

我们今天纪念俞吾金，就是要继续推进他的思想。吾金认为，“马克思”属于西方哲学范畴，马克思哲学是对西方哲学的批判性

继承。从这个观点出发，他观察和分析了国内外马克思主义哲学对马克思哲学的误解，并将其概括为对马克思的遮蔽。遮蔽的后果是，按照黑格尔、费尔巴哈、斯大林的观点解释马克思哲学，造成了马克思的“三化”，即黑格尔化、费尔巴哈化和斯大林化。吾金梳理了不同派别的“正统的马克思主义”的思想脉络，指出其中与马克思经典文本论述的相悖之处。他的振聋发聩的针砭对于全面准确地理解和实践马克思主义，在他逝世十年之后来看仍有重要的启发。我们要在总结他上述思想的基础上，讨论在中国如何推进西方哲学处境化的问题。西方哲学的处境化与马克思主义哲学中国化和中国传统哲学现代化之间有着密切相关的思想历程和辩证关系，我希望对西方哲学处境化问题的讨论，可以引起哲学界同仁对俞吾金关于“中西马”哲学及其关系的丰富思想观点的关注和深入探讨。

在《被遮蔽的马克思》一书中，吾金教授深入剖析了马克思哲学被黑格尔、费尔巴哈、斯大林等人的观点遮蔽的现象。他指出，马克思的追随者在思维与存在之关系和辩证法两方面都存在遮蔽马克思的本体论的误读，且这两方面的误读都是双重的：首先误读黑格尔的思想，然后用被误读的黑格尔思想解释马克思。这种遮蔽不仅导致了对马克思哲学核心问题的误解，还使得马克思哲学的真正价值未能得到充分展现。吾金强调，马克思哲学与西方哲学传统之间存在着深刻的联系，但这种联系并非简单的继承或排斥，而是一种复杂的扬弃关系。他通过对康德、黑格尔等哲学家思想的深入研究，揭示了马克思哲学在“实践”“自由”等核心概念上对西方哲学传统的超越与发展。

在《论马克思对西方哲学传统的扬弃——兼论马克思的实践、自由概念与康德的关系》一文中，吾金教授进一步阐述了他的观点。他认为，绝不能把马克思哲学的传统从康德哲学的传统中割裂出去。他以“实践”和“自由”这两个核心概念为例，说明了康德的“实践领先原则”“自然和自由因果观的区分”是马克思以生产实践为核心的历史唯物主义革命的本体论前提；正因为从康德到谢林的德国古典哲学的发展超出了解释者的视野，才造成了黑格尔化的马克思主义，即只承认马克思主义哲学的基础被归结为黑格尔和费尔巴哈。

吾金还指出，黑格尔对康德的批判在一定程度上遮蔽了康德哲学的真正价值。他认为，黑格尔把康德的理论哲学和实践哲学都归结为认识论和以认识论为基础的“主观唯心论的二元论”，这遮蔽了康德本体论的实质——自然形而上学和道德形而上学。同时，黑格尔把康德的批判哲学的前提说成“道德世界观”的“公设”，这也遮蔽了康德道德哲学的实践—自由观。吾金强调，要回到康德哲学，就必须超越黑格尔的遮蔽，重新发现康德哲学的真正价值。

吾金强调康德的重要性并反对马克思主义的“黑格尔化”倾向，对于马克思主义哲学中国化、中国哲学现代化和西方哲学处境化具有全局性意义。吾金认为，马克思哲学属于西方哲学传统，问题是，马克思与西方哲学传统中的哪一个哲学家对接？马克思与黑格尔固然可以直接对接，但考虑到启蒙时代的批判哲学传统，康德比黑格尔更接近于马克思哲学。正如马克思说：“康德认为，共和国作为唯一合理的国家形式，是实践理性的要求，是一种永远不能实现但又是我们应该永远力求实现和牢记在心的目标。”恩格斯说，在自然哲学方面，“黑格尔远远落后于康德，康德的星云说已经宣布了太阳系的起源，而他关于潮汐延缓地球自转的发现也已经宣布了太阳系的毁灭”。确实，马克思主义者以“继承了康德、费希特和黑格尔而感到骄傲”。马克思、恩格斯的话，说明了他们继承的不仅是黑格尔哲学，而是从康德到黑格尔的德国哲学的传统。马克思主义的中国化不能偏离这个初心本意。

今年是吾金逝世十周年，也是康德诞辰三百周年。值此之际，我们思考“康德或黑格尔”的问题，不但可以进一步澄清西方哲学与马克思哲学的源流关系，也能加深对康德哲学革命性的理解。康德不但对启蒙时代具有革命意义，与我们所处的时代也息息相关。我们的时代是全球化的时代、科技革命的时代、普遍法权的时代和人性改善的时代；相应地，我们时代的康德是世界主义的康德、知情意合一的康德、永久和平的康德、思想革命的康德。对于中国人来说，康德可以在古今中西之间搭建起一座桥梁。在思维与存在之关系、辩证法和实践、自由概念等方面，吾金用康德哲学澄清了遮蔽马克思哲学的层层迷雾；而他指出的把马克思“黑格尔化”所导致的理论后果，对我们防止把马克思主义教条化具有警示作用。我们应把吾金对康德和黑格尔的诠释作为宝贵的遗产，加以继承和发展。

我和吾金以文会友，都为“中西马”的哲学会通心心相印。我们在学术上互相欣赏。记得在关于“中国哲学合法性”的讨论中，我写了一篇文章，开头便引用了吾金“中国哲学合法性的问题是一个虚假而有意义的问题”的观点。我们在学问上是互相切磋的诤友。在讨论俞吾金哲学贡献的一次座谈会上，我谈过对他的《意识形态论》的不同看法，并为此写了《试论马克思恩格斯的意识形态批判理论》一文。在思想自传《我思故我道》里，我在与吾金的合影旁写了这样一段文字：“马克思主义哲学的来源是西方哲学史，现代西方哲学的流派各有自己的马克思主义解释。由于马克思主义哲学和西方哲学分属不同的‘二级学科’，不少西方哲学专家对马克思主义哲学退避三舍；而马克思主义哲学专家对西方马克思主义的研究往往被同行讥为‘西马非马’‘以西解马’，对马克思哲学与黑格尔、康德联系的研究被当作‘以黑解马’‘以康解马’。在西方，马克思主义哲学与西方哲学同根同源，不可分割；在中国处境中，西方哲学与马克思主义哲学相辅相成，难解难分。这个道理好懂，但实行起来就不那么容易了，这里用得上‘知易行难’这句话。现在迫切需要在马克思主义哲学与西方哲学专家之间开展专题性的讨论争鸣，推动马克思主义哲学中国化与西方哲学处境化共同发展。”

吾金如今已在天堂。昔友往矣，今我来思。

序三｜中道之思，温润之心

——忆恩师俞吾金先生

汪行福

南开大学王南湜教授说：俞先生是改革开放后新一代学人的代表，是他们一辈人的“带头大哥”。苏州大学任平教授认为，如果要给俞吾金先生一个评价性描述的话，可把他称为改革开放伟大实践养育出来的著名马克思主义哲学家。俞老师学识渊博，涉猎广泛，大凡对我们时代的重大理论和实践问题的讨论中都留下了其思想烙印。俞老师去世时，他的一位复旦同事评价说：俞先生是一位勤奋的读书人、温和的学者，善于思考社会和人生，关注现在，并虑及未来。俞老师对自己的工作有明确的认识。在他看来，理论要为长远建立秩序，有些论著要立即发表，有些则可以暂存书箧，留待后世。俞老师无论在生活中还是在学术上都堪称楷模，接人待物永远是谦谦君子，温润如玉；文章虽批判犀利，但不失中道。

1994年俞老师开始招博士，我是他招收的第二届博士生。我读博期间，俞老师特别忙，既是哲学系主任，还是复旦发展研究院常务副院长，其间还以富布莱特教授身份去美国交流和讲学。即使这样，俞老师也没有放松对我们的指导。他不仅在文献和思路上给我们指导，还悉数把自己的治学心得传授给我们。他总是强调，做学问要搞清楚“源”与“流”，既不能陷入起源的神话，也不能就事论事。做学问要进得去出得来，有些博士学位论文题目很光鲜，某某的反思和批判，问题意识似乎很强，最后自己的观点就那么一两页，就像大象分娩，分娩出一只小老鼠。

俞老师给人的第一个印象是嗜书如命。他从凉城新村搬到东方文苑时，我们曾帮他搬家。俞老师坚持把一屋子书自己上架，生怕别人把它们搞乱。俞老师告诉我们，自己回到家最快乐的事就是在书架面前踱步，随手抽本书看看。俞老师读书之勤已成为学界佳话：他开会时读，却从不错过别人的发言；他坐飞机时读，坐汽车时也读。俞老师无论出门多长时间，基本上都会带足两天一本书的量。唯一的一次例外是2012年住院，因师母不让，他就带了黑格尔的《逻辑学》与康德的《纯粹理性批判》，虽然量少但经读。

俞老师是国内著名学者，但他从不满足于已有成就。我与俞老师在一起时更多的是听他谈未来的计划，而不是过去的成就。近年来，听他谈得比较多的是他正在转向中国哲学的研究。俞老师很看重这件事，2012年《哲学分析》召开“俞吾金思想讨论会”时，他特意挑出《中国传统人性理论的祛魅与重建》等三篇中国哲学和文化方面的论文做交流材料，并邀请杨国荣、陈卫平等教授参会。惜天不假年，否则俞老师不仅可完成自己的哲学本体论之作《物与时间》，也会打通中西马传统，建立融本体论、历史哲学、文化哲学和美学等方面于一体的俞氏体系。

俞老师是至真、至诚、至纯的人，每个与他接触的人都印象深刻，他不仅在生活上是这样，在学问上也是这样。多年前，他在《国外马克思主义哲学流派新编》一书中介绍罗默的思想时，把英文的“委托–代理”（principal-agent）译成了“主要的行动者”。这一翻译从字面上看没有问题，但不符合文中的意思。我因在经济学院做过经济学博士后，这方面的知识稍好，就向俞老师指了出来。俞老师马上非常诚恳地说：“疏忽了，不应该的，到修订时一定改过来。”可见，俞老师是多么心胸坦荡啊！

俞老师治学有方，成就斐然，治学有一套自己的方法。博览群书、由博而约是一个方面，系统全面是另一个方面。在他看来，任何问题都要从事实、因果、逻辑和价值四个层面去追问。在我看来，他的学问的最大特点是观点犀利但不失中道，犹如《论语》中子夏所云：“君子有三变，望之俨然，即之也温，听其言也厉。”

俞老师的中道之思充分地体现在俞老师对启蒙和现代性的思考上。俞老师认为，“启蒙”对于当前中国文化建设来说是一个重大的、绕不过去的话题。他高度肯定欧洲启蒙运动的思想成就，认为启蒙有四个核心理念，即理性法庭、世界祛魅、权利平等、个性自由。这四个方面精辟地概括了启蒙运动的理智信念和规范信念。但是，俞老师同样也对启蒙的缺陷做了深入的批判。在他看来，启蒙是16至19世纪欧洲历史的产物，不可避免地带有那个时代的偏见和局限性，如启蒙对理性、世俗化和进步过于乐观，启蒙的观点中带有科学主义偏见，对传统的态度也过于简单和绝对。为此，他主张一种“修正的”启蒙意识。俞老师在现代性问题上的思考亦如此。他认为，中国正处于社会转型过程中，实现现代性和启蒙理想是我们的任务。但是，现代性是一个矛盾和复杂的事物，它在为人类创造了数不胜数的便利和机会的同时，也有许多阴暗面。我们处在前现代性、现代性和后现代性的纷然杂陈状态中，很容易歧路亡羊。在这个背景下，我们既不能因噎废食，拒绝现代性，又不能不加批判地盲目接受它。他主张，我们必须对现代性的两重性有清晰的认识，既坚持其根本立场，又要充分地借鉴前现代和后现代思潮提供的各种思想资源，对现代化道路和现代性追求进行合理的修正和调适。为此，他主张一种“反思的现代性”观念。

俞老师的中道之思还表现在，他在清醒的批判与不妥协的责任之间保持平衡。最近商务印书馆出版了俞老师的遗著《新十批判书》。该书是俞老师题献给他的慈母的。遗憾的是，该书并未完成。《新十批判书》把当今的时代理解为一个飘荡无根的时代。俞老师犀利地指出，我们的时代把繁忙理解为充实，把性欲理解为爱情，把有钱理解为幸福，把捐款理解为美德，把装潢理解为美学，把怀旧理解为寻根，把矫情理解为忏悔，等等。显然，这种状态是可悲的。但是，作为“能思想的芦苇”，人没有权利随波逐流、自我放逐。他强调，面对现实，我们需要启动批判的程序，不但要抗争这个时代的无根性，更要抗争对这种无根性的掩饰。

俞老师的中道之思更表现在，他既疑而不丧，又信而不狂。他反对知识分子自命不凡的通病，坦承在商品化大潮面前，批判也许是堂吉诃德式的；但即便如此，我们也不能放弃思想者的责任，因为只有批判才能帮助社会恢复健康。可以说，在偏激之见和暴戾之气充斥的文化环境中，俞老师是一股清流。

文如其人，言由心生。俞老师的中道之思源于他的温润之心。俞老师的许多朋友都能讲出与俞老师交往的温馨、感人故事，他的学生对这一点感触更深。虽然俞老师去世十年了，一些学生想起与他交往的点点滴滴还忍不住眼睛湿润、声音哽咽。俞老师和师母对学生非常好，甚至好到极致！每当学生结婚、生子，他们都会送不菲的贺礼；而当学生家中的老人过世时，他们又会送上慰问和奠礼。有时学生遇到困难，俞老师会不动声色地施以援手。多年前，一位并非他直接指导的博士后在办出站手续时遇到了困难，因为她遗失了一本外文书，需要赔偿，而赔偿的金额在当时还是蛮多的。俞老师知道后，自己到图书馆为她交了罚金。这件事让受助者刻骨铭心。

俞老师从不吝帮助他人，却不愿意给别人添麻烦。这几年他因这样或那样的原因住过几次医院。每次住院他都瞒着我们，有时我们知道后要去看他，他会生气地说：如果你们来看我，我就出院。他的理由总是：你们都很忙，他有师母照顾，还没有老到需要你们，等以后老了，有需要再麻烦你们。但依俞老师的个性，这一天是不会到来的。除非像他最后一次住院，出了手术室就失去了正常能力。俞老师对他人的关心既自然又体贴，有次他在电话里与我谈完公事叮嘱我说："你也五十了，要注意调养身体，冬天要进点补。"这些话本该是学生对老师说的。俞老师特别关心学生的成长和事业。有时学生发表或被转载一篇文章，俞老师看到后会打来电话鼓励。有时在学术沙龙或学术会议的一个发言，他觉得有价值会催促你尽快写成文章。最难能可贵的是，俞老师的关心不是强加的。他曾戏言："学而不厌"是对的，"诲人不倦"是有问题的，因为它隐含着自己有一种话语霸权。

在俞老师身边能感受到的不仅仅是责任和压力，也有许多欢乐。俞老师的风趣和幽默，与他的勤奋和高效一样有名。每年俞老师生日，我们都想张罗请他吃饭，虽然他总是推托，但有时也不得不同意。有意思的是，每次吃饭都成了“碟中谍”游戏。俞老师的原则是吃饭可以，但得由他买单。但如果总是这样，我们也过意不去。因此，吃饭中就充满着悬念和紧张。吃饭时，我只要一起身，师母就紧张地问：“你去干什么？”自被我们占了一次先机后，师母总是饭没有吃完就先把单买了。让人感到温馨而又酸楚的是俞老师的最后一个生日。这次生日聚会，为了不再让俞老师破费，我点好菜就把单买了。俞老师知道后，上海话脱口而出：“这怎么办？这怎么办？”让我们开怀大笑。与俞老师吃饭有许多快乐！听俞老师“咬文嚼字”是一乐，看俞老师与师母为喝酒进行“限制”与“反限制”斗争也是一乐。让人心酸的是，这样的聚会再也没有了！

最让人刻骨铭心的是他最后一次生病。2014年7月24日中午，学院袁新书记来电，让我去他的办公室。他见到我的第一句话是：“俞老师回来了。”当下我并没有在意。我虽知道俞老师去了加拿大，但对他何时回来并不清楚。但接下来听到的话犹如晴天霹雳，让人不知所措。我与吴猛第一时间赶到医院，谁知俞老师见到我们的第一句话却是：“你们怎么知道了？唉，让你们放假都不能好好休息。”师母说：“你就不想想，发生这样大的事，院里能不告诉他们吗？”那天临走前，俞老师还特别叮嘱我：不要让小程（我夫人）来医院，免得大家假期都休息不好。俞老师就是这样的人啊！任何时候总想着别人。

最让人不忍回忆的是与他的最后一次谈话。手术前一天下午，送走来看望的校领导，他在师母的搀扶下来到病区的输液室，当时我与林晖在那里休息。俞老师进来时，明显感到是想来交代一些事情，毕竟病魔无情啊！俞老师说："明天就进手术室了，虽然医院一再保证不会有问题，我也不知道出来是什么情况。以后的事，就你们与师母商量了。"我想，这是俞老师第一次失去对自己命运的掌控。他一生多次面对残酷无情的事情，特别是爱女的去世，即使在那样的情况下，他也都能以毅力扛过去。这次的情况不同，病魔落在他自己身上，手术结果又难以预料，这对他是多么残酷啊！但是，俞老师最担心的还不是自己的身体，而是术后能否回到他心爱的工作岗位。他说："这个问题我问医生了，但医生总是含含糊糊。医生的回答是：手术后肯定不能像以前那样工作了，只能半休息、半工作。"接着，俞老师就回到了他的习惯性思维："半休息、半工作是什么意思？一天有24小时，到底能工作多少小时呢？"可惜这场谈话没有继续下去，他没有给我们留下明确的遗嘱，因为在我们谈话时，医院的书记又来看望他了。等谈完话，我们发现他也有点累了，不忍心让他过多说话；更重要的是，我们都不愿意听到俞老师说出我们不忍心听的话。

俞老师虽然离开了我们，但他的人格和思想永远是我们的明灯。"读书不为稻粱谋，但开风气不为师。"俞老师一生治学有三种精神特别让人感佩。第一，治学必须创新，他坚持没有新观点的文章坚决不写；第二，治学需要批判精神，无批判就不能有理论的创新和发展；第三，学者应有悲天悯人的济世情怀。俞老师有多方面的才能，也有多方面的兴趣，但为了这个时代的思想启蒙和中国哲学的发展，他彻彻底底、完完全全地奉献了自己。

目　录

历史与现实

思想与文化

历史与现实

历史没有旁观者*

猫头鹰和高卢雄鸡

记得黑格尔在《法哲学原理》一书中曾把哲学比喻为“黄昏到来时才起飞的密纳发的猫头鹰”。这个比喻蕴含着如下的理论预设，即哲学总是在事后发挥作用的，因为它在黄昏而非早晨起飞。一些当代哲学家，包括毛泽东，实际上也把哲学定义为对自然科学和社会科学成果的概括和总结，而概括和总结永远只能发生在事后，不可能发生在事前。事实上，当哲学被如此定义的时候，哲学对现在和未来的预测与提示的作用也就被遮蔽起来了。

然而，与黑格尔不同，马克思对哲学有另一个比喻。在《〈黑格尔法哲学批判〉导言》中，马克思写下的最后一句话是：“一切内在条件一旦成熟，德国的复活日就会由高卢雄鸡的高鸣来宣布。”马克思关于“高卢雄鸡”的比喻表明，哲学不仅具有事后进行概括和总结的猫头鹰的功能，而且还具有事先进行预测

---

* 本文系俞吾金先生于2014年6月21日在上海社联举办的“东方讲坛·文汇讲堂”哲学演讲季开放论坛“哲学与我们的时代·核心价值与民族复兴”上的演讲，谨以此纪念我们敬爱的俞吾金先生。

和提示的高卢雄鸡的功能。它在清晨啼叫，预告新一天的来临。这两个不同的比喻，展示了马克思和黑格尔对哲学功能的不同理解。

众所周知，马克思在写于1851—1852年的《路易·波拿巴政变记》中留下的最后一句话是：“如果皇袍终于落在路易·波拿巴的身上，那么拿破仑的铜像就将从旺多姆圆柱顶上倒塌下来。”果然，20年后，在巴黎公社起义的熊熊烈火中，拿破仑的铜像从旺多姆圆柱顶上被颠覆下来，马克思的预言得到了辉煌的证实。事实上，马克思和恩格斯在《共产党宣言》中对未来社会发展趋势的预测也在当今的全球化时代中得到了证实。所有这一切都表明，哲学的预测和提示功能应该受到更多的重视。

如果说事后的概括和总结容易使思考者蜕变为旁观者，那么，对哲学的预测和提示功能的重视则总是激励着思考者升格为积极的参与者和行动者。在对哲学与时代的关系进行深入的反思时，人们总是或多或少地受到老年黑格尔思想的影响，从而倾向于把哲学理解为时代的“分泌物”，甚至理解为时代的“囚徒”。犹如莎士比亚笔下的里昂提斯所感叹的：“我是一片羽毛，什么风都可以把我吹动。”老年黑格尔及其信徒甚至认为，人不能超出自己的时代，就像身体不能超出自己的皮肤一样。

老年黑格尔的保守观点对我们产生了非常大的影响，特别是在理解哲学的时候。然而，青年黑格尔在致青年谢林的一封信中却雄心勃勃地宣布：“为塑造我们的时代尽自己最大的力量。”谢林也回应：“我在哲学里生活和编织着现代。”

由此可见，青年黑格尔与老年黑格尔是多么不同！

如果从一个新的角度去探索哲学与时代的关系，那么人们将引申出完全不同的观点。维特根斯坦甚至断言：“假如某人仅仅超越了他的时代，时代总有一天会追上他。”言下之意是，卓越的思想家不但可以超越他自己的时代，甚至可以超越更多的时代。有时候，一个时代拒斥一个哲学家的思想，但不能简单地把这种现象判定为这个哲学家的思想是没有意义的。事实上，在历史上经常出现这样的事情，即整个时代的人的思想都跟不上哲学家的脚步。有的哲学家的思想甚至要经过若干个世纪才能为后人所理解。尼采就曾放话，人们必须提前200年做好心理上和艺术上的准备，才能理解他的思想。尼采的这句话，从一个方面来看，固然有点夸张，甚至于有点狂妄，但另一方面也反映了哲学不是一个时代的简单的分泌物，它高瞻远瞩。一个国家有自己的思想家，是这个国家最值得骄傲的事情，因为在思想上能够站在时代、民族、历史民族的高处，这确实是这个民族能够做出的最伟大的贡献。

在我看来，哲学与时代至少处于双向塑造的互动关系中：一方面，时代塑造着自己的哲学；另一方面，哲学也编织着自己的时代。事实上，历史没有旁观者，每个人都以自己独特的方式参与并塑造着自己的时代。任何热血青年，特别是哲学家，都应该积极投身到社会现实生活中去。如果没有这种参与和塑造的意向，我们就会像法国哲学家狄德罗一样无情地嘲笑他：“这身体发霉了，这血液变酸了。”

守护时代的客观价值关系

那么，作为哲学研究者，我们究竟以何种方式编织或塑造自己的时代呢？当然只能以哲学的方式，即理解和阐释的方式来参与并推进当代中国社会的精神生活的发展。当前，我们在精神生活中面临的根本任务就是守护核心价值，实现民族复兴。

就守护核心价值来说，一方面，我们要正确地理解什么是价值。一个流行的见解是，价值是物的属性对人的需要的满足。其实，物的属性对人的需要的满足涉及的只是使用价值，而不是我们这里探讨的价值——价值关切的是人与人之间的社会关系，而不是人与物之间的使用关系。另一方面，我们也要严格地区分主观价值判断和客观价值关系。核心价值之所以值得守护，是因为它代表的正是我们这个时代的客观价值关系，而这种客观价值关系正是在深入反思当今生活世界本质的基础上被阐发出来的。

就实现民族复兴来说，一方面，我们要继承并弘扬中华民族正道直行、天行健君子以自强不息的伟大传统；另一方面，我们也要努力把中国人信奉的经验性的实用理性提升为博大精深的实践智慧，以便引导这个伟大民族绕过各种暗礁，战胜各种障碍，自立于世界民族之林。

我们应该让哲学从老年黑格尔的精神枷锁中解放出来，哲学的更切近的意象不是黄昏到来时才起飞的密纳发的猫头鹰，而是迎着朝霞起舞的高卢雄鸡。这只高卢雄鸡必将在中国引吭高歌，并把自己美妙的声音撒播在宇宙中。把旧世界留给庸人和懒汉吧，

新世界是属于开拓者和创造者的，正如歌德笔下的浮士德所坚信的：

> 是的！我完全献身于这种意趣，
> 这无疑是智慧的最后的断案；
> 要每天每日去开拓生活和自由，
> 然后才能够作自由与生活的享受。

［原载《探索与争鸣》2014年第11期］

新世纪与哲学发展的新理念

谁都不会否认，差不多半个世纪以来，随着科学技术的飞速发展，人类的生活和观念发生了巨大的变化。在这新旧世纪交替的时候，哲学研究者尤其强烈地感受到这种变化的降临，并发现传统的哲学理念已经陷入困境之中。德国哲学家海德格尔早在1962年发表的《哲学的终结和思的任务》一文中，就已经断言："哲学进入其终结阶段了。无论说人们现在如何努力尝试哲学思维，这种思维也只能达到一种模仿性的复兴及其变种而已。"其实，海氏在这里宣布的并不是哲学本身的终结，而哲学作为一门学科也是不可能终结的。应该说，海氏宣布的是传统哲学理念的终结和真正的思的开始。在这里，真正的思也就是超越计算理性，抵达价值理性，须在思一切之前先思存在的真理。

实际上，海氏启示我们，面对着外部世界的惊人变故，哲学的理念必须改弦更张。否则，它就不可能成为时代精神的真正的花朵。

哲学新理念的确立

首先，我们应该确立这样的新理念：哲学不是后出的，即不是黑格尔笔下的"黄昏到来时才起飞的密纳发的猫头鹰"；哲学应该是先行的，是为一切实证科学澄明思想前提和价值前提的。为了把握这个新理念，我们必须深入地反思传统哲学理论所拘执的三个观点。

第一个观点是，在意识形态中，哲学是离生活世界最远的意识形式之一。诚然，我们也不否认，在哲学史上，有些哲学学派，如希腊化时期的斯多葛主义、中世纪的经院哲学、当代学院派的分析哲学等，存在着程度不同的脱离生活世界的倾向。但这种脱离不但不是哲学自身的内在要求，相反，正是哲学试图加以遏制的倾向。黑格尔在批判斯多葛主义时就说过："斯多葛主义所宣扬的一些普遍名词：真与善，智慧与道德，一般讲来，无疑是很高超的，但是由于它们事实上不能够达到任何广阔的内容，它们不久也就开始令人感到厌倦了。"历史和实践一再证明，某些脱离生活世界的哲学思潮总是缺乏持久的生命力的。哲学从来不是生活世界之外的东西，更不是远离生活世界的东西，哲学就是搏动在生活世界胸腔里的心脏。马克思在致卢格的信中这样写道："现在哲学已经变为世俗的东西了，最确凿的证明就是哲学意识本身，不但表面上，而且骨子里都卷入了斗争的漩涡。"传统的哲学观念力图把哲学理解为一种远离生活世界的"纯粹的知识"，这与其说给了哲学过多的荣誉，不如说是给了哲学过多的耻辱。

第二个观点是，哲学是对实证科学，即自然科学和社会科学的研究成果的概括与总结。这个观点必然蕴含着这样的意思，即哲学作为"概括者"和"总结者"，总是以"事后管家婆"的方式与自然科学和社会科学发生联系。这个观点同样包含着对哲学的本质及哲学与实证科学之关系的误解，因为它假定：自然科学家和社会科学家在开始自己的研究活动之前和之中可以处于不受任何哲学思想影响的状态中。我们知道，这种状态是根本不可能存在的。一个科学家没有自觉地运用某一种哲学观念开展自己的研究活动，不等于他实际上是不受任何哲学观念的支配的。黑格尔说过："譬如在一个纯是感觉材料的命题里：'这片树叶是绿的'，就已经掺杂有存在和个体性的范畴在其中。"事实上，任何科学家都不可能摆脱哲学思维方式来从事自己的研究活动和思考活动。在这个意义上，哲学绝不只是"事后管家婆"。从逻辑上看，哲学总是在先的。

第三个观点是，哲学对实证科学的研究起着指导性的作用。这个观点蕴含着这样的意思，即哲学是高高在上的，是把握普遍性的原则的，而实证科学则是基础性的，涉及对具体问题的探讨。乍看起来，这肯定了哲学对实证科学的指导作用，已对哲学的功能做了充分的评价，但实际上恰恰在主要之点上贬低了哲学的功能。因为哲学并不在高处，恰恰相反，它应该在最低处。哲学的基本功能之一，就是澄明实证科学的思想基础和价值基础。思想基础和价值基础并不悬在实证科学的上空，而是位于实证科学的最低处，是研究实证科学的前提和出发点。一旦我们改变了传统的理解方式，哲学的新理念也就确立起来了。

其次，我们也应该确立这样的新理念：在哲学作为一门学科的整体结构中，本体论起着根本性的作用，而不同的本体论学说又是以生存论的本体论作为共同基础的。在当今世界上，人类整体的生存比任何其他问题都更紧迫地引起人们深切的关注。正如新思维的创造者之一戈尔巴乔夫所说："新思维的核心就是承认全人类的价值观的优先地位，说得更确切些——承认人类的生存。"

从哲学上看，生存论的本体论正是我们赖以进行一切认识活动和理解活动的前提。当然，要坚持生存论的本体论的立场，就需要对传统哲学研究中占主导地位的知识论哲学的倾向展开批判。传统的知识论哲学主张，求知是人类的本性；而当代的生存论的本体论则强调，人首先必须生存在这个世界上，然后才能去求知。认识不过是作为人之在的此在在世的一种样式。哲学只有建基于生存论的本体论，才不会成为无根的浮萍。

再次，我们也应该确立这样的新理念：哲学再也不能站在传统哲学的确定性和决定论的立场上来思考问题了，哲学必须注重对不确定性和偶然性的研究。众所周知，在经典物理学、相对论和量子力学中，确定性仍然是不可动摇的前提。虽然海森堡和玻尔分别提出了"测不准"和"互补"的理论，但确定性仍然是传统科学和哲学思考一切问题的基点。然而，从20世纪下半叶起，随着大爆炸宇宙学、耗散结构、遗传工程等新的学科领域的兴起，以及1989年苏东的剧变与国际政治格局的重组，这种追求确定性的传统理论正在受到全面的挑战。耗散结构理论的奠基者普利高津指出："人类正处于一个转折点上，正处于一种新理性的开端。在这种新理性中，科学不再等同于确定性，概率不再等同于无知。"与此相应的是，作为政治家的布热津斯基在考察当今社会的政治生活时也认识到了不确定性的重要性。他这样写道："承认人类历史发展速度的明显加快及其发展轨道的不确定性乃是我立论的必要的出发点。"如果说新康德主义者强调历史上的一切都是偶然的，那么，作为生物学家的莫诺就走得更远了。他甚至认为，连人类的诞生都是一个完全偶然的事件。总之，在经验世界中，绝对决定论乃是传统哲学观念创造的一个神话，而概率、不确定性和涨落才是生活的复杂性的真正体现，才是哲学新理念的根本特征。

应用哲学学科群的兴起

随着实证科学的发展，传统哲学丧失了“科学之女皇”的地位，哲学活动的空间几乎被分割殆尽。当哲学陷入这种窘迫的境地的时候，它不但没有随之而死亡，反而像凤凰涅槃一样获得了新生。如前所述，新生的哲学不但负担着为一切实证科学澄明思想前提和价值前提的重大的历史使命，而且以更灵活的方式重新确立了自身与各实证科学之间的密切联系。于是，我们看到，一大批新兴的哲学应用学科应运而生，令人目不暇接，如科学哲学、数学哲学、技术哲学、心理哲学、精神哲学、逻辑哲学、语言哲学、经济哲学、历史哲学、文化哲学、社会哲学、政治哲学、宗教哲学、道德哲学、法哲学、艺术哲学等等。这些新兴学科的崛起显示出当今哲学演化的一个重要的方向。

首先，每一个新的实证科学的研究领域形成以后，总会逐渐产生与此研究领域相应的应用哲学的学科。比如，随着科学技术的发展，人类生活的环境尤其是生态环境遭到了严重的破坏，环境尤其是生态环境问题引起了人们的高度重视，“环境哲学”“生态哲学”应运而生。又如，随着后现代主义思潮的兴起，一个广阔的研究领域展现出来，其中也包含着方兴未艾的“后哲学”。再如，在西方的女权主义汇成一股强劲的社会思潮之后，“女权哲学”也随之而诞生。这既表明哲学在当今世界所具有的强大生命力；也表明任何具体问题的研究一旦失去了哲学的引导，就会像花瓶的碎片一样，引不起任何人的重视。

其次，虽然应用哲学涉及的都是实证科学或实证科学的某些分支学科，但是从康德对哲学的两分——思辨理性和实践理性——出发，我们仍然可以把应用哲学区分为思辨理性意义上的应用哲学和实践理性意义上的应用哲学。比如，科学哲学、数学哲学、技术哲学、心理哲学等就属于思辨理性意义上的应用哲学，而道德哲学、法哲学、宗教哲学、政治哲学等则属于实践哲学意义上的应用哲学。那么，比较起来，哪一种类型的应用哲学更为重要呢？康德告诉我们："我们根本不能向纯粹实践理性提出这样的过分要求：隶属于思辨理性，因而颠倒次序，因为一切关切归根结底都是实践的，甚至思辨理性的关切也仅仅是有条件的，只有在实践的应用中才是完整的。"在康德看来，归根结底，实践理性居于优先的地位。这就告诉我们，实践理性意义上的应用哲学具有更为重要的地位。事实上，从伽利略和牛顿的物理学为自然科学的发展奠定基础以来，科学技术的发展已经取得了极其辉煌的成就，从而也使科学主义成了当今世界占支配地位的思维方式。而科学主义蔓延之时，也就是技术拜物教、异化和物化泛滥之时。当思辨理性压倒实践理性的时候，这种局面是必然会产生的。这就启示我们，当今最重要的是遏制科学主义的蔓延，恢复实践理性意义上的应用哲学，以便在精神世界中重建思辨理性与实践理性的平衡。

再次，政治哲学、法哲学、道德哲学和宗教哲学将成为新世纪哲学研究特别是实践哲学研究的焦点。如果说在传统观念的视野里，哲学的本质是自然哲学、逻辑学的话，那么，在当代哲学的视野里，哲学的本质则是政治哲学、法哲学、道德哲学和宗教哲学。马克思早就告诫我们："在土地所有制处于支配地位的一切社会形式中，自然联系还占优势。在资本处于支配地位的社会形式中，社会、历史所创造的因素占优势。"资本也就是一种特定的社会关系。事实上，政治哲学、法哲学、道德哲学和宗教哲学都涉及作为社会存在物的人的行为规范和行为方式，从而本质上都关涉于社会关系。这四门应用哲学之所以在当今哲学的发展中成为焦点，不仅是因为它们蕴含着深切的人文关怀，从而具有遏制科学主义蔓延的重要功能，而且是因为在世界政治格局进入"后冷战"时期以来，一些重要的社会关系，如人与人、团体与团体、民族与民族、国家与国家、一个地区与另一个地区、一种文明与其他文明、一种文化与其他文化等，正处于急剧的调整过程中。深入探讨这四门应用哲学，将是新世纪和新时代的需要。

中国的生存、发展问题在哲学研究中的课题化

作为当代中国的哲学研究者，我们深切地关注着中国在新世纪的生存和发展的态势。毋庸讳言，在新世纪，中国将遭遇一系列现实问题的挑战，而这些挑战是无法回避的。

首先是科学技术的高度发展所引发的伦理问题。20世纪下半叶以来，科学技术获得了前所未有的成就。这些成就既为人类的生活带来了许多便利，也使人类的命运变得扑朔迷离。正如有的专家所指出的："今天的世界更像是一架用自动驾驶仪操纵的飞机，速度连续不断地加快，但没有明确的目的地。"姑且不说核武器的存在

对人类生存的威胁，也不说世界上不少国家的军工厂出于赢利的目的，还在日夜不停地生产着各种常规武器，光是人工智能、基因工程、试管婴儿、人体克隆、器官移植、安乐死、电脑网络等技术的发展，就将引发传统伦理观念所无法容纳的许多重大的、新的伦理问题。与此同时，这些新技术也整个地改变了我们对生命、环境、经济、价值、科学（尤其是医学）的看法。在新世纪，我们既需要借助于哲学的宏观的眼光在理论伦理学的研究中提出原创性的新观念，也需要对应用伦理学及其各个分支学科做出创造性的探索。从中国的实际情况出发，我们的口号应该是：发展科学技术，弘扬科学精神，遏制科学主义，提高人文素质，强化伦理学的研究。

首次是全球化浪潮引发的中国传统文化精神的延续问题。在新旧世纪交替的时候，一场全球化的浪潮已经席卷国际社会。其实，早在一个半世纪以前，马克思就已经通过对资本主义发展趋势的考察，指出了“历史向世界历史的转变”的趋向。我们要主动适应这种趋势，以求得生存和发展的时间和空间，如我国争取加入WTO就是对这种发展趋势的一个适应；但是，又要清醒地认识到，“全球化”是在西方话语霸权的背景中提出来的，它的实质是：西方发达国家通过资本的跨国使用，在经济、政治和文化三个层面上对后发国家进行全面渗透和控制。中国这样的后发国家不仅需要在经济和政治上努力维护本国和本地区的利益，从而与全球化的趋势形成一种良性互动而又制衡的关系，而且需要在文化上做出积极的回应。这个回应包括两个方面：一是批评和化解西方强势文化的入侵。西方强势文化的入侵，不但表现在世俗文化的渗透上，也表现在理论文化（如后现代主义思潮、新艺术流派、网络文化等）的渗透上。我们必须在肯定文化多元发展的基础上做出批评性的回应。二是弘扬中国传统文化，保持中国传统文化精神之不坠。要做到这一点，也必须从当代中国的历史性出发，批判地继承中国传统文化的优秀遗产。一言以蔽之，只要中国传统文化精神仍然保持其旺盛的生命力，那么中国就将在全球化浪潮中重新获得自己的辉煌。

最后是后现代主义思潮引发的中国现代化道路的价值定位问题。作为后发国家，中国正在追求现代化的价值体系，但传统的即前现代的价值体系和后现代主义的价值体系同时又纠缠着人们的心灵。这三大价值体系的冲撞，使人们普遍地处在“价值迷失”的状态中。这个现象具有深刻的哲学含义，因为价值观乃是全部精神生活的核心。这个问题解决不好，中国的现代化就会陷入歧路亡羊的窘境。所以，我们必须从中国的现实生活出发，认真地反思前现代性、现代性和后现代主义之间的关系，做到：一方面，我们要坚定不移地走现代化的道路，坚定不移地坚持现代性的价值体系；另一方面，我们又要认真汲取前现代的和后现代主义的思潮中蕴含着的合理的价值因素，从而对原先的现代化和现代性的理念做出必要的修正。根据原先的理念，现代化被简单地理解为工业、农业、科学技术和国防的现代化，而这些现代化的关键又是科学技术现代化。这种理解方式不仅忽略了人的素质这一现代化的基本因素，而且也完全忽略了现代化的制度因素，即现代化也是社会、经济、政治等一系列制度的现代化。

［原载《探索与争鸣》2001年第1期］

重思马克思主义与现实的关系

如果说当代马克思主义者有着一些共同关注的问题，那么，马克思主义与现实的关系问题肯定是其中的一个。[1]历史和事实都表明，自从马克思主义诞生以来，每当周围世界发生重大变化时，马克思主义与现实的关系问题就会一而再再而三地被提出来。正是通过对这个问题的不懈的追问，马克思主义在理论上和实践上不断地得到丰富和发展，对现实的理解和把握也愈益深入。

然而，如果我们指出，研究者们从未真正地理解并准确地阐释过马克思主义与现实的关系问题，那么这个见解尽管听起来有点耸人听闻，却是一个不争的事实。一方面，研究者们从未认真地追问过“什么是马克思主义”“什么是现实”这样的问题；另一方面，他们也从未深入地反思过马克思主义与现实之间的关系，以及应该以何种方式进行追问，才能使这一关系的全幅内容完整地显现出来。本文拟转换概念分析和提问的方式，对这一关系做出新的阐释。

1　有趣的是，中央编译局出版的刊物的名称就叫《马克思主义与现实》。

何谓“马克思主义”?

当人们使用“马克思主义”（Marxismus）这个概念时，它通常具有以下三种不同的含义：一是指马克思、恩格斯本人的思想；二是指马克思、恩格斯的追随者们的思想；三是指马克思、恩格斯本人的思想和他们的追随者们的思想的总和。那么，我们应该从哪种含义上去理解“马克思主义”这个概念呢?

如果从上面提到的第三个含义上去理解马克思主义，研究者们显然会接受许多相互矛盾的见解，因为马克思、恩格斯思想的追随者们在理解并阐释他们的思想时，附加了不少片面的甚至是错误的成分。关于这一点，马克思在世时就已感受到了，并对恩格斯说出了自己的感受。在1890年8月27日致保尔·拉法格的信中，恩格斯提到，近年来一些年轻的资产者涌入德国党内:“所有这些先生们都在搞马克思主义，然而他们属于10年前你在法国就很熟悉的那一种马克思主义者，关于这种马克思主义者，马克思曾经说过:‘我只知道我自己不是马克思主义者。’马克思大概会把海涅对自己的模仿者说的话转送给这些先生们:‘我播下的是龙种，而收获的却是跳蚤。’”[1]毋庸置疑，当马克思说，“我只知道我自己不是马克思主义者”时，他实际上已表明了自己对“马克思主义”这一概念的保留态度：或者是人们继续含混地使用这个概念，那么马克思就不希望自己的思想被涵盖在这个概念之下；或者是人们撇开这个含混的概念，直接去面对马克思、恩格斯本人的思想。

假如人们继续使用“马克思主义”这个概念，但从上面提到的第三种含义退回到第一种含义上，即把马克思主义理解并阐释为马克思、恩格斯本人的思想，那么这是否算准确地理解了这个概念呢？我们的回答同样是否定的。尽管马克思本人没有阐明自己的思想与恩格斯之间的差异，尽管马克思和恩格斯在政治思想上是比较一致的，但他们各自留下的文本及在通信中表达出来的不同理论见解表明，他们之间存在着不同的甚至是重大的理论差异。美国学者汤姆·洛克摩尔指出："简要地描述这种差异就是，虽然马克思和恩格斯的政治观点是吻合的，但他们的哲学观点（这是我们在这里感兴趣的东西）很不相同，而且可以证明是明显对立的。不论是就其天性还是就其训练来说，马克思都属于伟大的德国观念论传统，他只能是出于政治考虑而把自己与那个传统区分开来。恩格斯现在被理解为属于实证主义者的阵营。"[2]尽管我们并不完全同意洛克摩尔的观点，但深入的研究表明，在某些基础理论上，马克思与恩格斯的看法确实存在着重要的差异。[3]

于是，我们发现，从上面提到的第一、第二或第三种含义出发去理解并阐释"马克思主义"这个概念，都是不确切的，必须另辟蹊径。假如研究者们只把马克思本人的思想理解并阐释为马克思主义，这样做是否合理呢？我们认为，这样做仍然存在着不合理的地方，因为马克思并不是从出生的第一天起就是一个马克思主义者。在青年时期，马克思的思想深受黑格尔的影响，他可以说是一个青年黑格尔主义者。众所周知，马克思是通过对现实斗争的参与、对国民经济学的研究和对传统观念的批判，才创立历史唯物主义这种新理论的。只有当这种新理论诞生时，马克思才从青年黑格尔主义者转变为马克思主义者。换言之，要准确地理解马克思，就必须把他的思想划分为"青年时期"与"成熟时期”这两个不同的发展时期。也就是说，只有当人们用“马克思主义”这个概念去指称其成熟时期的思想时，这个概念才是合理的。

这样，我们通过分析而对“马克思主义”这个概念的含义做出了严格的定位：马克思主义就是指马克思成熟时期的全部思想。

何谓“现实”？

无数事实表明，研究者们通常是以十分随意的方式去使用“现实”（Wirklichkeit）这个概念的，即把它理解为他们直观到的一切存在者的总和。我们下面的论述将会表明，这种理解方式完全是从属于传统哲学的，因而根本不符合马克思的现实观。

在青年时期的著作中，马克思总是把“现实的”（wirklich）与“抽象的”（abstrakt）两个形容词鲜明地区分开来。在马克思看来，凡是从人的实践活动的角度出发而观察到的一切都是“现实的”，即可能存在的；反之，凡是撇开人的实践活动而观察到的一切则是“抽象的”，即不可能存在的。比如，在观察自然界时，传统的哲学家们总是习惯于把自然界理解为与人的实践活动相分离的、独立的存在物，因而在他们的视野里，自然界就成了一个抽象的、孤立的存在物。为此，马克思批评道：“被抽象地孤立地理解的、被固定为与人分离的自然界，对人说来也是无。”[4]也就是说，人们周围的自然界早已被打上了人的实践活动的印记，试图去还原或直观一个从未受到过人的实践活动“污染”的自然界是不可能的。换言之，这种抽象的、孤立的自然界是不存在的。

与那种对自然界采取抽象直观的态度相反，马克思强调，只有通过人的实践活动的媒介，现实的自然界才可能真正地呈现在我们的面前："在人类历史中即在人类社会的产生过程中形成的自然界是人的现实的自然界；因此，通过工业——尽管以异化的形式——形成的自然界，是真正的、人类学的自然界。"[5]要言之，在马克思看来，传统哲学家们热衷于谈论的、与人的实践活动分离开来的自然界及其自身运动，实际上都是抽象的，因而是子虚乌有的。

如前所述，由于与人的活动相分离的自然界实际上是不存在的，因而建基于这种抽象的自然观基础上的所谓"自然辩证法"也是不存在的。有鉴于此，马克思后来对杜林出版的《自然辩证法》(1865)采取了尖锐的批判态度。在1868年3月6日致路德维希·库格曼的信中，马克思这样写道："我现在能够理解杜林先生的评论中的那种异常困窘的语调了。一般说来，这是一个极为傲慢无礼的家伙，他俨然以政治经济学中的革命者自居。他做了一件具有两重性的事情。首先，他出版过一本(以凯里的观点为出发点)《国民经济学说批判基础》(约五百页)和一本新《自然辩证法》(反对黑格尔辩证法的)。我的书(《资本论》第一卷，编者注)在这两方面都把他埋葬了。"[6]马克思的《资本论》之所以埋葬了杜林的《自然辩证法》，是因为自然辩证法正是以与人的实践活动相分离的抽象自然界作为自己的载体的，而《资本论》则处处从人的生产劳动出发去考察自然界，因而始终站在现实的自然界或人化自然界的基础上来探索人与自然的辩证关系。[7]

正是在严格区分"抽象的"和"现实的"这两个形容词的基

础上，马克思在《关于费尔巴哈的提纲》（1845，以下简称《提纲》）中阐述了自己的“现实”观。在《提纲》第一条中，马克思开宗明义地指出：“从前的一切唯物主义（包括费尔巴哈的唯物主义）的主要缺点是：对对象、现实、感性，只是从客体的或者直观的形式去理解，而不是把它们当作感性的人的活动，当作实践去理解，不是从主体方面去理解。”[8]在这段重要的论述中，马克思把“现实”看作与“对象”“感性”类似的概念，他启发我们，只有从“实践”（Praxis），而不是从“直观”（Anschauung）出发，才可能真正把握现实。

为什么？正如马克思在《提纲》第八条中所指出的：“全部社会生活在本质上是实践的。凡是把理论引向神秘主义的神秘东西，都能在人的实践中以及对这个实践的理解中得到合理的解决。”[9]这就表明，只要研究者们仍然采用传统哲学家们的直观的方式去看待现实，现实就永远不可能真正地进入他们的眼帘。只有当他们像马克思那样，始终通过人的实践活动的媒介去认识现实时，现实的全幅内涵才会向他们展现出来。

如何表述二者的关系？

由于分析意识的普遍匮乏，热衷于探讨“马克思主义与现实”关系的人几乎从未反思过，“马克思主义与现实”这一提法是否具有合法性。在我们看来，这一提法本身就是不合法的，因为它已把准确理解这一关系的道路封闭起来了。何以见得？因为一提“马克思主义与现实”，这二者就被分离开来，成了相互外在的东西。换言之，这种提法把“马克思主义”与“现实”打成了互不相关的两截，似乎马克思主义永远在现实之外或现实永远在马克思主义之外。

如果人们把“马克思主义与现实”这一主题转变为“哲学与现实”就会发现，马克思早已指出，哲学本身就是现实的组成部分。在《〈黑格尔法哲学批判〉导言》(1844)中，马克思在批判天真的“实践政治派”时明确指出：“该派眼界的狭隘性就表现在没有把哲学归入德国的现实范围。”[10]因为该派把当时的斗争理解为哲学对德国现实世界的批判，“它没有想到迄今为止的哲学本身就属于这个世界，而且是这个世界的补充，虽然只是观念上的补充”[11]。在马克思看来，当“实践政治派”把哲学与现实对立起来，并试图从哲学出发去批判当时的德国现实时，他们根本没有意识到，他们赖以作为批判的出发点的“哲学”正是被批判的对象——德国现实的一个不可或缺的组成部分。也就是说，哲学与现实的关系不是相互外在的、对立的关系，而是彼此内在的、部分与整体的关系。

有鉴于此，马克思告诫我们：如果人们只满足于从哲学出发去批判现实，而没有把哲学本身也理解为现实的一个组成部分，从而对它采取批判和反思的态度，那么他们对现实的反思根本就不可能深入下去。他这样写道：“德国的法哲学和国家哲学是唯一与正式的当代现实保持在同等水平上[al pari]的德国历史。因此，德国人民必须把自己这种梦想的历史一并归入自己的现存制度，不仅批判这种现存制度，而且同时还要批判这种制度的抽象继续。”[12]在马克思看来，如果不同时批判作为当时德国现实的组成部分的德国法哲学和国家哲学，对德国现实的批判就根本无法深入下去。

下面，让我们沿着马克思昭示的哲学与现实关系的思路，重新认识马克思主义与现实的关系问题。每一个不存偏见的人都会发现，在当今世界，尤其是在当代中国的语境中，马克思主义本身不仅是现实的有机组成部分，而且是现实中占主导地位的组成部分。因此，人们从马克思主义出发去考察现实时决不能忘记，马克思主义本身就是现实的一部分。易言之，人们必须同时对马克思主义做出相应的反思；否则，他们根本不可能完整地、准确地考察并把握整个现实。

那么，究竟如何对马克思主义本身做出反思呢？我们认为，关键在于，必须把马克思本人的思想与人们借着“马克思主义”的名头附加到马克思身上的错误的思想成分严格地区分开来。要言之，唯有同时对作为现实的组成部分的马克思主义进行反思，对现实的完整的反思才是可能的。

综上所述，“马克思主义与现实的关系”这一提法本身就是有语病的，其中隐藏着可能导致的种种误解。在我们看来，准确的提法应该是：作为现实之组成部分的马克思主义与受马克思主义引导的现实的关系。总之，只有把马克思主义与现实的关系理解为部分与整体之间的内在关系，才能对现实做出完整的、准确的考察，同时通过对马克思主义的自我反省，不断地推进马克思主义的发展。

［原载《探索与争鸣》2011年第12期］

参考文献

[1][8] 马克思恩格斯选集（第4卷）. 北京：人民出版社，1995：695.

[2] 汤姆·洛克摩尔，徐向东译. 在康德的唤醒下. 北京：北京大学出版社，2010：67.

[3] 俞吾金. 论恩格斯与马克思哲学思想之差异. 江苏社会科学，2003（4）.

[4][5] 马克思恩格斯全集（第42卷）. 北京：人民出版社，1979：178、128.

[6] 马克思恩格斯全集（第32卷）. 北京：人民出版社，1975：525—526.

[7] 俞吾金. 论马克思的人化自然辩证法. 学术月刊，1992（12）.

[8] 马克思恩格斯选集（第1卷）. 北京：人民出版社，1995：54.

[9][10][11][12] 马克思恩格斯选集（第1卷）. 北京：人民出版社，1995：56、8、8、7.

对马克思主义中国化主体的反思

从前反思阶段到反思阶段

按照我们的观点，关于马克思主义中国化问题的讨论，大致上可以划分为两个不同的阶段：第一个阶段是从马克思主义于19世纪末传入中国到20世纪80年代末。我们不妨把这个阶段称为“前反思阶段”（the pre-reflective period）。也就是说，在这个阶段，中国人关注的是如何把马克思主义的普遍真理引入中国，使之与中国的具体国情相结合。显然，这个阶段的努力主要是纵身向外的，其关注的焦点是如何把马克思主义引入中国，因而可以把这个阶段称为“前反思的”。这个阶段的重要标志是：随着《马克思恩格斯全集》第一版（MEGA1）和《列宁全集》第一版的翻译和出版，从总体上完成了把马克思主义经典作家的思想引入中国社会的历史任务。

第二个阶段是始于20世纪90年代初、今天仍在发展中的这个阶段。我们不妨把它称为“反思阶段”（the reflective period）。也就是说，在这个阶段，人们的主要任务已经转化为如何结合中国新民主主义革命和社会主义建设的经验教训，对马克思主义中国化的过程及其理论做出全面的反思和清理。显而易见，这个阶段的主要努力是反身向内的，因而是“反思的”，即把马克思主义中国化本身作为研究对象，通过反思和反省，总结这方面的经验教训，从而使今后马克思主义中国化的道路走得更好。“中国特色社会主义理论”的形成正是这个反思阶段的重要标志之一。

尽管始于20世纪90年代的《马克思恩格斯全集》第二版（MEGA2）和《列宁全集》第二版的翻译和出版工作仍然在进行之中，这一标志已表明，当代中国人正站在时代的高度上，试图从总体上重新认识马克思主义及它在中国的传播过程。

谁是马克思主义中国化的主体？

如果我们上面的见解被接受的话，就必须对马克思主义中国化的进程和理论做出认真的反思。本文的反思主要涉及下面这个问题：谁是马克思主义中国化的主体？如同人们在探讨全球化问题时，很少去追问：究竟谁是推动全球化进程的主体？有趣的是，人们也很少去追问：究竟谁是马克思主义中国化的主体？由于这方面反思的匮乏，人们常常习惯于以“匿名主体”的方式来讨论马克思主义的中国化问题，从而使这方面的讨论很难深入下去。毋庸讳言，为了弄清问题，人们是不可能把这方面的追问长期搁置起来的。事实上，只有认真反思马克思主义中国化的主体及其局限性才能明白，尽管中国新民主主义革命和社会主义建设的道路都取得了伟大的胜利，但谁都不会否认，前进的道路是曲折的，在有些地方甚至付出了惨重的代价。

那么，究竟谁是马克思主义中国化的主体呢？我们的回答是：中国共产党党内从事理论研究的知识分子和积极拥护中国共产党路线和政策的党外知识分子。正是这些先进的知识分子构成了马克思主义中国化的主体。然而，这些先进的知识分子并不是从天而降的，他们无一例外地置身于当时中国社会的现实生活中。正是这种现实生活在他们身上留下了深刻的烙印，从而也间接地对马克思主义中国化的进程产生了深刻的影响。只要深入分析就会发现，马克思主义中国化主要包含以下两方面的工作。

其一，把马克思主义经典作家的重要著作翻译并介绍到中国来。众所周知，在蒋介石于1927年发动反革命的“四一二”政变后，不但中国共产党党员遭到搜捕和迫害，而且马克思主义著作的翻译、出版和传播也被视为非法。在如此困难的情况下，正是这些先进的知识分子，历尽艰难险阻，通过日本、苏联、中国香港等渠道，打通了马克思主义在中国的传播途径，不断地把马克思主义经典作家的重要著作译介进来，为马克思主义的中国化奠定了基础。

其二，把已经翻译或介绍进来的马克思主义经典作家的重要著作，尤其是其立场、观点和方法运用到中国革命的实践中，努力形成具有中国特色的、条理化的革命经验和理论，从而既在革命实践中丰富和发展了马克思主义理论，又运用马克思主义的普遍真理解决了中国革命中遭遇到的种种具体问题，为中国革命的胜利创造了条件。实际上，正是在把马克思主义的普遍真理运用于中国革命的具体实践的过程中，马克思主义被中国化了，马克思主义经典作家变得家喻户晓了，而他们的伟大思想则成了中国革命和建设事业的指导思想。

毋庸讳言，在马克思主义中国化的进程中，上述两方面的工作都是不可或缺的。没有第一方面的工作，马克思主义无法传播到中国，从而也无法对中国的革命和建设事业产生决定性的影响；没有第二方面的工作，即使马克思主义进入了中国，也无法实现"中国化"，使之成为家喻户晓的真理。[1]

今天，我们站在时代的高度，重新反思中国社会走过的历史道路时发现：从总体上看，这些先进的知识分子，即马克思主义中国化的主体，出色地完成了上述两方面的工作。然而，我们也必须清醒地意识到，这些知识分子的思想也深受当时中国特殊的历史条件和社会条件的制约。正如《毛泽东选集》中的《附录：关于若干历史问题的决议》(1945，以下简称《决议》)所指出的："半殖民地半封建的中国，是小资产阶级极其广大的国家。"[1]在中国的具体国情下，由于小资产阶级无法建立自己的政党，因而其民主革命分子转而在中国共产党内寻找出路。其中的一部分经过改造转化为坚定的无产阶级革命者，但也有相当一部分"带着小资产阶级革命性的党员，虽然在组织上入了党，但是在思想上却还没有入党，他们往往是以马克思列宁主义者的面貌出现的自由主义者、改良主义者、无政府主义者、布朗基主义者等等"[2]。《决议》还细致地分析了小资产阶级在思想方法、政治倾向和组织

1 在《反对党八股》一文中，毛泽东指出："现在许多人在提倡民族化、科学化、大众化了，这很好。但是'化'者，彻头彻尾彻里彻外之谓也；有些人则连'少许'还没有实行，却在那里提倡'化'呢！所以我劝这些同志先办'少许'，再去办'化'。"参见《毛泽东选集》第3卷，北京：人民出版社1991年版，第841页。

生活上的具体表现，及其对中国共产党党内生活的严重影响。

诚然，我们上面提到的这些致力于使马克思主义中国化的知识分子大部分是优秀的，但其中一小部分人的思想还是或多或少地受到了小资产阶级思想的侵蚀，从而直接或间接地对马克思主义中国化的进程产生了某些消极的影响。

对中国化进程中的历史教训的反思

就马克思主义中国化进程中第一个方面的工作，即对马克思主义经典著作的翻译、介绍和传播来说，这些先进的知识分子中的大部分人发挥了积极的作用，但其中少数人受到了小资产阶级的激进主义思想倾向的感染，从而在对马克思主义思想的译介和传播中出现了一定的偏差。比如，在《〈黑格尔法哲学批判〉导言》(1844) 中，马克思写下了两段十分重要的话。其中一段话的德语原文如下："Mit einem Worte: Ihr Koennt die Philosophie nicht aufheben, ohne sie zu verwirklichen。"[3]《马克思恩格斯全集》新版第3卷中的译文如下："一句话，你们不使哲学成为现实，就不能够消灭哲学。"[4]另一段话的德语原文如下："Die Philosophie kann sich nicht verwirklichen ohne die Aufhebung des proletariats, das Proletariat kann sich nicht aufheben ohne die Verwirklichung der Philosophie。"其译文则是："哲学不消灭无产阶级，就不能成为现实；无产阶级不把哲学变为现实，就不可能消灭自身"。[5]我们注意到，德语动词aufheben竟然全部被译为"消灭"。

由于这样的译文的影响，理论界有不少人撰文探讨马克思如何“消灭哲学”。其实，这根本上就是一个伪问题。众所周知，马克思所使用的德语动词aufheben主要来自黑格尔。而在黑格尔哲学中，aufheben是一个非常重要的动词，它的含义不是“消灭”，而是“扬弃”。正如黑格尔所说：“扬弃在这里表明它所包含的真正的双重意义，这种双重意义是我们在否定物里所经常看见的，即：扬弃是否定并且同时又是保存。”[1]可见，在深受黑格尔哲学影响的马克思那里，aufheben无疑应该被译为“扬弃”，其含义既有“抛弃”又有“保留”，而精通黑格尔哲学的马克思不可能不了解这一点。事实上，年仅19岁的马克思在写给父亲的信中就已经表明：“在患病期间，我从头到尾读了黑格尔的著作，也读了他大部分弟子的著作。”[6]何况，青年马克思在学习法学时对哲学产生了强烈的兴趣，这种兴趣的转移表明哲学对他的思想来说有多么重要。在我们上面提到的同一封信中，马克思在谈到法学研究中的感受时，毫不犹豫地写道：“没有哲学我就不能前进。”[7]即使在《〈黑格尔法哲学批判〉导言》中，人们只要认真研读上下文也会明白，马克思根本不可能说出“消灭哲学”这样的具有虚无主义倾向的话来。实际上，在我们前面引证的马克思的两段德语原

---

1 参见黑格尔：《精神现象学》上卷，贺麟等译，北京：商务印书馆1981年版，第75页。另外在《小逻辑》中，黑格尔又写道：“说到这里，我们顺便须记取德文中的Aufheben（扬弃）一字的双层意义。扬弃一词有时含有取消或舍弃之意，依此意义，譬如我们说，一条法律或一种制度被扬弃了。其次，扬弃又含有保持或保存之意。在这意义下，我们常说，某种东西是好好地被扬弃（保存起来）了。这个字的两种用法，使得这字具有积极的和消极的双重意义，实不可视为偶然之事，也不能因此便责斥语言产生出混乱。反之，在这里我们必须承认德国语言富有思辨的精神，它超出了单纯理智的非此即彼的抽象方式。”参见黑格尔：《小逻辑》，贺麟等译，北京：商务印书馆1980年版，第213页。

文之前，还有下面这样一段话：“Die Emanzipation des Deutschen ist die Emanzipation des Menschen. Der Kopf dieser Emanzipation ist die Philosophie, ihr Herz das Proletariat。”《马克思恩格斯全集》新版第3卷把它译为：“德国人的解放就是人的解放。这个解放的头脑是哲学，它的心脏是无产阶级。”[8]从这段准确的译文中可以看出，既然马克思把人的解放的“头脑”理解为哲学，把人的解放的“心脏”理解为无产阶级，那他怎么可能去“消灭”哲学或“消灭”无产阶级呢？显然，aufheben只能被译为“扬弃”，而不能被译为“消灭”。

所以，上面提到的两段译文应该做如下修改。第一段应改为：“一句话，你们不能使哲学成为现实，就不能够扬弃哲学。”第二段则应改为：“哲学不扬弃无产阶级，就不能成为现实；无产阶级不把哲学变为现实，就不可能扬弃哲学。”一旦翻译上的问题被纠正了，所谓“消灭哲学”也就成了一个子虚乌有的问题。当然，我们这里关注的焦点不是马克思的这段话如何翻译，而是作为翻译者的主体为什么要以这样的方式进行翻译。或者换一种提问的方式：在翻译中出现这样的现象是否纯属偶然？我们认为，这种在翻译的过程中把语词含义极化的现象并不是偶然的，而是有其深层的原因的。事实上，主体之所以把aufheben译为“消灭”，是因为他不知不觉地受到了小资产阶级激进主义思想倾向的驱动。这一个案表明，马克思主义中国化，并不像人们通常想象的那样，是一帆风顺的。

第二个方面的工作，即把已经翻译或介绍进来的马克思主义经典作家的重要著作，尤其是其立场、观点和方法运用到中国革命实践的过程中，也是充满坎坷的。在中国共产党发展的历史上，曾经多次出现“左”、右倾思想路线的错误，而这些错误的思想路线也与小资产阶级的思想背景有着千丝万缕的联系。正如《决议》所指出的：“我们党内历次发生的思想上的主观主义，政治上的‘左’、右倾，组织上的宗派主义等项现象，无论其是否形成了路线，掌握了领导，显然都是小资产阶级思想之反马克思列宁主义、反无产阶级的表现。”[9]这就启示我们，在马克思主义中国化的过程中，一旦主体的思想观念受到小资产阶级或其他错误的思想倾向的影响，中国化就会出现严重的偏差。这一偏差的两种具体的表现形式，就是教条主义和经验主义。

就教条主义而言，其典型的表现形式是“本本主义”。早在1930年5月，毛泽东就写下了名为《反对本本主义》的小册子，严肃地指出：“本本主义的社会科学研究方法也同样是最危险的，甚至可能走上反革命的道路，中国有许多专门从书本上讨生活的从事社会科学研究的共产党员，不是一批一批地成了反革命吗？就是明显的证据。我们说马克思主义是对的，决不是因为马克思这个人是什么‘先哲’，而是因为他的理论，在我们的实践中，在我们的斗争中，证明了是对的。我们的斗争需要马克思主义。我们欢迎这个理论，丝毫不存在‘先哲’一类的形式的甚至神秘的念头在里面。读过马克思主义‘本本’的许多人，成了革命叛徒，那些不识字的工人常常能够很好地掌握马克思主义。马克思主义的‘本本’是要学习的，但是必须同我国的实际情况相结合。我们需要‘本本’，但是一定要纠正脱离实际情况的本本主义。”[10]针对当时中国共产党内流行的这种以本本主义为特征的教条主义思想倾向，毛泽东主张对中国社会的历史和现状进行系统的调查研究，以便在充分了解国情的基础上，形成正确的思想路线，制定合理的斗争策略。事实上，毛泽东本人就做了大量的调查研究工作。无论是《中国社会各阶级的分析》（1925），还是《湖南农民运动考察报告》（1927），无论是《中国红色政权为什么能够存在？》（1928），还是《中国革命和中国共产党》（1939）等著作，都是对中国社会进行深入的调查研究的结果。在《〈农村调查〉的序言和跋》（1941）中，毛泽东这样写道："要了解情况，唯一的方法是向社会作调查，调查社会各阶级的生动情况。对于担负指导工作的人来说，有计划地抓住几个城市、几个乡村，用马克思主义的基本观点，即阶级分析的方法，作几次周密的调查，乃是了解情况的最基本的方法。只有这样，才能使我们具有对中国社会问题的最基础的知识。"[11]在毛泽东看来，在马克思主义中国化的过程中，教条主义贻害无穷，只有彻底地抛弃这种错误的思想倾向，运用马克思主义的基本观点，对中国社会进行周密的调查，把马克思主义的普遍真理与中国的具体国情结合起来，才能使马克思主义的中国化沿着健康的轨道向前发展，才能保证中国革命取得胜利。

就经验主义而言，乍看上去，它与教条主义正好相反；其实，它们殊途同归，都属于主观主义的范畴。在毛泽东看来，许多从事实际工作的人，经验很丰富，这些经验当然是十分可贵的。但如果以自己的经验为满足，也是十分危险的。在《整顿党的作风》（1942）一文中，毛泽东指出："有工作经验的人，要向理论方面学习，要认真读书，然后才可以使经验带上条理性、综合性，上升成为理论，然后才可以不把局部经验误认为即是普遍真理，才可不犯经验主义的错误。”[12]毛泽东认为，克服经验主义的错误思想倾向，不但要认真阅读马克思主义的著作，而且要善于把实践生活中的重大现实问题提升到理论的层面上。比如，在经济理论方面，中国资本主义的发展，从鸦片战争到20世纪40年代，已经一百年了，但是还没有产生一本合乎中国经济发展实际的、真正科学的理论书。毛泽东强调说：“我们所要的理论家是什么样的人呢？是要这样的理论家，他们能够依据马克思列宁主义的立场、观点和方法，正确地解释历史中和革命中所发生的实际问题，能够在中国的经济、政治、军事、文化种种问题上给予科学的解释，给予理论的说明。”[13]显而易见，朴素的经验主义不但是马克思主义中国化的障碍，也是不可能引导中国革命取得胜利的。

从上面的论述可以看出，尽管教条主义与经验主义的出发点是不同的，但它们在思想方法上却是一致的，它们都把马克思主义的普遍真理与中国革命的具体实践分割开来，把片面的、相对的真理夸大为普遍的、绝对的真理。在毛泽东看来，当时党内的情况表明，教条主义比经验主义的危害更大，更值得警惕。事实上，只有坚持不懈地与教条主义和经验主义这两种错误的思想倾向展开积极的斗争，马克思主义的中国化才可能取得丰硕的成果。

综上所述，只要我们不泛泛地谈论马克思主义中国化问题，就应该对马克思主义中国化的主体做出深刻的反思，而这样的反思正是为了确保马克思主义的中国化始终沿着健康的轨道向前发展。

［原载《探索与争鸣》2009年第1期］

参考文献

[1][2][9][11][12][13] 毛泽东选集（第3卷）. 北京：人民出版社，1991：991、993、996、789、818—819、814.

[3] Marx Engels Werke, Band 1. Berlin: Dietz Verlag, 1970：384.

[4][5] 马克思恩格斯全集（第3卷）. 北京：人民出版社，2002：206、214、214.

[6][7] 马克思恩格斯全集（第40卷）. 北京：人民出版社，1982：16、13.

[10] 毛泽东选集（第1卷）. 北京：人民出版社，1991：111—112.

对“马克思热”的冷思考

2008年，美国爆发了由次贷问题引起的金融危机。这一危机很快就波及世界各地。各国政治家、经济学家和金融专家纷纷制定对策和措施，遏制危机的蔓延。与此同时，各国的思想家、理论家也开始苦苦地探索金融危机的实质和起因。他们在这样做的时候，不约而同地把目光投向马克思，尤其是他的皇皇巨著《资本论》。当《资本论》洛阳纸贵的时候，国外马克思主义者和左翼思想家也组织了各种讨论班、研讨会和新闻访谈，试图运用马克思的经济理论来阐释这场金融危机。于是，在短时间内，“马克思”这个名字成了新闻媒体的关键词，“马克思热”拉开了帷幕。

国内理论界也有不少人撰文，侈谈“马克思热”的意义，仿佛资本主义世界已全盘接受马克思，甚至接受了马克思宣判资本主义制度死刑的判决书《资本论》。显然，这样的结论与其说是理论思维的产物，不如说是浪漫主义的幻觉。在我看来，对“马克思热”这样的现象，需要的不是盲目的追捧，而是冷静的思考。

是核心，还是边缘?

“马克思热”常常使国内理论界的不少人忘乎所以，以为在西方国家的大学里，关于马克思的思想尤其是《资本论》的课程已经成为核心课程之一。实际上，迄今为止，关于马克思思想的课程从未进入西方大学的“核心课程”（core course），而始终只是边缘性的课程。美国学者大卫·哈维在《希望的空间》（2000）一书中谈到了这方面的情况。

哈维坦承，他从1971年起就在约翰·霍普金斯大学开设了关于马克思《资本论》第一卷的相关课程，也有许多其他大学开设了同样的课程。但在当时，无论是听这门课，还是读《资本论》这本书，都被理解为政治行为。正如哈维所说：“我们推断，马克思一定说出了什么重要的东西，否则，他的著作就不会如此长时间地被压制。我们的努力在许多大学遭到冷漠对待就更加证明了这一推断。我尽量掩饰课程的名称，经常将其安排在晚上，对于那些不愿在成绩单上提及这门课的同学，也给他们‘独立学习’的学分（后来我从行政高层中得知，因为这门课被开在地理系并被命名为‘解读资本’[Reading Capital]），所以他们差不多花了十年的时间才明白我所讲授的正是马克思的《资本论》！”[1]

从哈维的这段话中可以看出：第一，关于马克思《资本论》的课程在许多大学都受到了冷遇；第二，哈维为了开设这门课程，不得不把它放到地理系，而且去掉了马克思的名字，也去掉了《资本论》的名字，用“解读资本”这一含混的短语来做课程的名称，而且瞒了学校行政高层整整十年；第三，从学生接受的心理来看，他们也不愿意“马克思”“资本论”这样的字眼出现在自己的成绩单上。

20世纪80年代早期，在柏林墙倒塌之前，马克思主义受到了批判，人们主要指责它对许多重要的问题，如性别、种族、欲望、宗教、生态环境、殖民统治等，缺乏关注。柏林墙倒塌后，到了90年代初，无论是马克思主义，还是共产主义，都被宣布“死亡”，从而几乎从理论舞台上消失了。

然而，到了90年代后期，情况又有了改观。哈维告诉我们：“《资本论》纯粹被当作一门高雅的常规课程来讲授。听课的教师和同学也不再大量地从课堂上消失（以前只有打算与我共事的少数几个人，以及那些把这门课程当作进行更为重要事情之前的‘例行公事’的人坐得住）。现在，其他系科大多数的研究生概况课程（survey course）也会分配给马克思一两个星期，安插在其他人中间，如达尔文和韦伯。马克思得到了关注。但在学术界，这种关注要么将马克思置于‘无足轻重的后李嘉图（Post-Ricardian）’的位置上，要么把他看作一个过时了的‘结构主义者’或‘现代主义者’而不予理会。简而言之，马克思在很大程度上被认为是一种无法想象的历史叙事的编造者，是某种根本不可能发生的历史变革的鼓吹者，而这一变革已经被现实证明，不论在理论上，还是在政治上、实践上都是谬误的。”[2]

哈维的上述见解表明，尽管关于马克思思想的课程在大学里的处境有了一定的改善，不必像以前那样，偷偷摸摸地授课了，但是：第一，这一课程并未升格为“核心课程”，它至多不过是研究生“概况课程”中可能涉及的一部分内容；第二，学术界对马克思的评价也不高，至多不过把他看作过时的学术流派的一个代表人物而已。

总之，在西方国家的大学里，关于马克思思想特别是《资本论》的课程始终处于边缘的状态中。即使是目前流行的“马克思热”也无法改变这种现状，因为大学课程的意识形态属性是人所共知的，即便是以“思想自由”自诩的西方国家也不能例外。

是树木，还是森林？

众所周知，马克思的著作、随笔、手稿、笔记、书信等构成了篇幅浩大的文本。如果把马克思的整个思想体系理解为“森林”，那么他的个别观点或个别论著就是“树木”了。长期以来的研究经验表明，国外马克思主义者或左翼思想家在对马克思思想的研究中，常常采取只见树木、不见森林的片面的阐释方式。或者是攻其一点，不及其余；或者是爱屋及乌，无限夸大。他们缺乏对马克思文本的全面的、完整的、准确的理解和阐释。可以设想，如果“马克思热”奠基于这样的研究方式和阐释方式之上，真正“热”起来的又是什么呢？

试以意大利早期的马克思主义者葛兰西为例。1917年俄国十月革命胜利后，青年葛兰西在1917年11月24日的《前进报》上发表了一篇著名的文章，其标题为“反对《资本论》的革命”。在这篇文章中，青年葛兰西把十月革命称作“反对卡尔·马克思的革命”。为什么？因为按照马克思在《资本论》中得出的结论，要在俄国这样的资本主义经济还不发达的国家取得无产阶级革命的胜利是根本不可能的。在俄国，似乎先得创造条件发展资本主义，逐步达到西方资本主义国家的文明程度，然后再发展到阶级冲突尖锐化时，才有可能爆发革命。但是，青年葛兰西认为，事件本身的发展已经超越了马克思的见解：“布尔什维克驳斥了卡尔·马克思，他们以明确的行动和成功的结果证实，历史唯物主义的法则并不像人们将认为或已经认为的那样是一成不变的。”[3]青年葛兰西的结论真是够大胆的，但他这种无畏的态度暴露出来的恰恰是他对马克思的无知。

一方面，青年葛兰西完全不了解，1871年法国巴黎公社失败后，欧洲陷入了沉寂，革命的希望转向东方，特别是俄国。在1881年2—3月撰写的致查苏利奇的复信草稿中，马克思认为，俄国的农村公社是原始社会解体以来一直保持着土地公有制的基层组织，这种具有原始共产主义倾向的农村公社完全可以成为俄国跨越“资本主义制度的卡夫丁峡谷”的基础。然而，在资本主义因素的侵蚀下，俄国的农村公社已处于岌岌可危的状态。所以，当时马克思就强调：“要挽救俄国公社，就必须有俄国革命。”[4]由此可见，马克思非但没有忽略俄国革命，反而在十月革命爆发前31年就预言了俄国革命。

另一方面，青年葛兰西对马克思在《资本论》中得出的结论的批评也是站不住脚的。事实是，马克思在《资本论》中得出的结论是针对欧洲社会，而不是针对东方社会（包括俄国在内）的。早在1877年11月致《祖国纪事》杂志编辑部的信中，马克思就已阐明了东方社会与欧洲社会的发展存在的重大差异。至于后来苏联的解体也证明了下述历史唯物主义结论的科学性：“无论哪一个社会形态，在它所能容纳的全部生产力发挥出来以前，是决不会灭亡的；而新的更高的生产关系，在它的物质存在条件在旧社会的胎胞里成熟以前，是决不会出现的。所以人类始终只提出自己能够解决的任务，因为只要仔细考察就可以发现，任务本身，只有在解决它的物质条件已经存在或者至少是在生成过程中的时候，才会产生。”[5]

由上可知，青年葛兰西对马克思《资本论》和历史唯物主义理论的批评，可以说是只见树木，不见森林。与在青年葛兰西那里出现的情形相反，当青年马克思撰写的《巴黎手稿》(1844)于1932年首次以德文原文出版时，法兰克福学派的马尔库塞、弗洛姆都把这部手稿称为“马克思的第二次降生”，并把《巴黎手稿》中马克思关于人道主义与异化的思想视为马克思最重要的思想。其实，马克思的《巴黎手稿》还处于费尔巴哈的影响下，在思想上还不成熟。故意拔高它的地位和作用，只可能对马克思做出片面的评价。

总之，无论是青年葛兰西对马克思和《资本论》的非难，还是马尔库塞和弗洛姆对青年马克思和《巴黎手稿》的热捧，都是片面的，缺乏对马克思思想体系和本真精神的深刻领悟。显然，如果“马克思热”是以这种片面的研究方式和阐释方式为基础的，那么它是不可能持久的。

是形式，还是内容？

目前的“马克思热”给人更多的印象是形式上的，而不是内容上的；是修辞性的，而不是纪实性的。具体表现如下。

一是国外马克思主义者和左翼思想家喜欢侈谈“主义”，而不接触具体的“问题”。无论是在学术论著或学术报告中，还是在理论对话或新闻采访中，他们都喜欢谈论大字眼，如“社会主义”“共产主义”“资本主义”“后现代主义”等等。可以说是“主义”满天飞，但很少或根本不触及具体的问题，更不用说就具体的问题提出相应的对策了。1996年，美国爆发了著名的“索卡尔事件”，纽约大学物理学家索卡尔向左翼思想家的代表性刊物之一《社会文本》提交了一篇故意包含着科学上的常识性错误但又十分迎合该刊思想倾向的论文，论文很快被发表了。随后，索卡尔又在其他刊物上披露了自己在《社会文本》上所做的“实验”，从而在美国学术界掀起了轩然大波。其实，《社会文本》的思想领袖弗雷德里克·詹明信就是这样一位好谈“后现代主义”的“戏仿”和“拼贴”的左翼思想家。他在中国理论界广有影响，但是读他的著作，你会觉得概念模糊，见解含混，很难获得对某个问题的确切看法。这在以分析哲学传统自诩的美国理论界，实在是一件丢人的事情。

二是国外马克思主义者和左翼思想家喜欢“赶场子”，并利用新闻媒体，抛出一些耸人听闻的字眼，提出一些匪夷所思的见解，制造所谓“观念秀”（show of ideas），但在这些观念秀的背后却见不到真正出于良知和责任心的严肃的理论探索。比如，2009年3月，左翼思想家中的明星人物，如齐泽克、巴迪欧、哈特、奈格里、朗西埃、吕克·南希、伊格尔顿等，在伦敦举行了“共产主义观念”大会。齐泽克明确地提出了“告别社会主义先生，欢迎共产主义先生”的口号[1]，故作耸人听闻之言，却对“社会主

1 参见俞吾金主编的《国外马克思主义研究报告2010》（北京：人民出版社）的总报告部分。

义”“共产主义”这样的概念的历史渊源和基本内涵缺乏实事求是的阐释。其实，在《哥达纲领批判》（1875）中，马克思明确地告诉我们：“在资本主义社会和共产主义社会之间，有一个从前者变为后者的革命转变时期。”[6]列宁把这个时期称作“社会主义”。作为历史阶段，“社会主义”不是齐泽克想取消就可以取消的。“告别”云云，不过是齐泽克本人的主观愿望，而重要的是认识历史演化的客观规律！遗憾的是，在目前当红的国外马克思主义者和左翼思想家那里，再也读不到他们的先驱卢卡奇、阿多诺、本雅明、科莱蒂、阿尔都塞、哈贝马斯等人写下的那些既富有思想上的原创性又有严格理论论证的著作了。形式已经取代了内容，现象已经取代了本质，纸币已经取代了黄金。

综上所述，我认为，当前的“马克思热”非但不是马克思研究复兴的一个契机，反而是滥觞于金融危机的综合性危机的一种表现形式。它就像各种时髦的“秀”一样，是不可能持久的。在我看来，马克思研究的真正复兴寄希望于有责任心、有原创性的真正的思想家们。

［原载《探索与争鸣》2010年第10期］

参考文献

［1］［2］大卫·哈维，胡大平译. 希望的空间. 南京：南京大学出版社，2006：3—4、5.

[3] Antonio Gramsci, History, Philosophy and Culture in Young Gramsci, New York: Telos Press, 1975：123.

[4] 马克思恩格斯全集（第19卷）. 北京：人民出版社，1963：441.

[5] 马克思恩格斯选集（第2卷）. 北京：人民出版社，1995：33.

[6] 马克思恩格斯选集（第3卷）. 北京：人民出版社，1995：314.

从思想世界降到现实世界

——马克思对黑格尔及青年黑格尔主义者的
唯心主义历史观的批判

马克思对黑格尔及青年黑格尔主义者的唯心主义历史观的批判，不但在其确立唯物主义历史观的过程中起着关键性的作用，而且也为当代哲学中某些重大观念的形成奠定了思想基础。然而，研究者们常常忽略马克思在这方面所做的重要工作，这就使他们既看不到马克思的批判意识与当代哲学之间的内在联系，又很容易在当代形形色色的唯心主义历史观面前失去自己的判断能力。可见，我们有充分的理由重新关注这段历史，以便对马克思的批判精神获得更深刻、更全面的认识。

众所周知，早在1843年9月致卢格的信中，马克思就已经指出："新思潮的优点就恰恰在于我们不想教条式地预料未来，而只是希望在批判旧世界中发现新世界。"[1]与费尔巴哈所倡导的单纯的宗教批判不同，马克思对旧世界的批判主要是沿着政治观念和法的观念而展开的，而且他把批判的触须深入到这些观念的支援意识——黑格尔及青年黑格尔主义者的唯心主义历史观——中去了，并明确地提出，"从思想世界降到现实世界"（aus der Welt der Gedanken in der wirkliche Welt herabzusteigen）[2]是这一批判的根本任务。马克思对黑格尔及青年黑格尔主义者的唯心主义历史观的批判，主要是围绕以下三个观念来展开的。

思想统治着世界

人是有思想、有观念的存在物，而人的行动总是在自己的思想、观念的支配下展开的，尤其在生产劳动中，人是先有预定的目的，甚至有具体的草图，再去从事实际活动的。正是这类处处可以见到的表面现象使哲学家们陷入幻觉，以为思想和观念统治着世界。正如马克思在《德意志意识形态》手稿的一段被删去的文字中所表达的："德国唯心主义和其他一切民族的意识形态没有任何特殊的区别。后者也同样认为思想统治着世界，把思想和概念看作是决定性的原则，把一定的思想看作是只有哲学家们才能揭示的物质世界的秘密。"[3] 按照马克思的看法，在肯定思想统治着世界这一点上，不同民族的唯心主义者之间并不存在重大的分歧。当然，比较起来，德国的唯心主义哲学家，尤其是黑格尔，在肯定并论证思想统治着世界这一点上做得比其他哲学家更引人注目，因为"按照黑格尔的体系，观念、思想、概念产生、规定和支配人们的现实生活、他们的物质世界、他们的现实关系"[4]。而当时的德国哲学家，尤其是青年黑格尔主义者则在黑格尔的思想世界中迷失了方向。老年黑格尔主义者认为，任何东西，只要被归入黑格尔的逻辑范畴，就变得明白易懂了；而青年黑格尔主义者则以"批判"或"批判的批判"自居，或者用宗教的观念取代一切，或者宣布一切都是神学上的东西。"青年黑格尔派同意老年黑格尔派的这样一个观念，即认为宗教、观念、普遍的东西统治着现存世界。不过一派认为这种统治是篡夺而加以反对，而另一派则认为它是合法的而加以赞扬。”[5]

我们发现，黑格尔和青年黑格尔主义者的逻辑推论如下：既然思想统治着世界，那么改造旧世界的活动就必定会转化为批判旧思想、旧观念的活动。也就是说，一旦人们头脑中的旧思想、旧观念被摒弃了，旧世界也就被改造得焕然一新了。总之，一切活动都是在大脑中进行的。马克思辛辣地嘲讽了这种唯心主义历史观："有一个好汉一天忽然想到，人们之所以溺死，是因为他们被关于重力的思想迷住了。如果他们从头脑中抛掉这个观念，比方说，宣称它是宗教迷信的观念，那么他们就会避免任何溺死的危险。他一生都在同重力的幻想作斗争，统计学给他提供愈来愈多的有关这种幻想的有害后果的证明。这位好汉就是现代德国革命哲学家们的标本。”[6]在马克思看来，观念的变化并不等于现实的变化，因为思想和观念不但不可能统治世界，恰恰相反，倒是世界的实际情况决定着思想、观念的形成、变化和发展。

基于上述考虑，马克思明确地指出：“不是意识决定生活，而是生活决定意识。”[7]从逻辑在先的角度看，意识、思想和观念都不是原初性的实事，而真正的原初性的实事是：人要在世界上生存下去，就得解决吃、喝、住、穿的问题，而要解决这些问题，就得从事物质生活资料的生产。“因此第一个历史活动就是生产满足这些需要的资料，即生产物质生活本身。”[8]而已经得到满足的第一个需要本身、满足需要的活动和已经获得的为满足需要而使用的工具又会引起新的需要，这种新的需要又会不断地得到扩展和延伸。这是第二个方面。与此同时，人类种族要繁衍下去，人的生产就是必不可少的。这是第三个方面。而人的生产又使人与人之间的社会关系也不断地被复制出来。这是第四个方面。马克思认为："只有现在，当我们已经考察了最初的历史的关系的四个因素、四个方面之后，我们才发现：人也具有'意识'。"[9]必须指出的是，马克思这里并不是说，前面四个方面的活动都可以脱离意识而进行。实际上，意识、思想和观念是与人们从事的物质生活资料的生产活动、交往活动及语言交流活动不可分割地交织在一起的，它们的内涵及其变化正是由这些基础性的活动，即生活的生产所决定的。当生活的生产发展到一定阶段时，就会出现精神劳动和物质劳动的分工。于是，精神劳动，即自觉的意识活动，开始被人们尤其是哲学家们误认作完全可以与现实生活相分离的独立的存在物。马克思尖锐地批评了这种把意识独立化并夸大为统治世界的力量的错误观点，明确表示：意识只不过是物质生活过程的必然升华物，"因此，道德、宗教、形而上学和其他意识形态，以及与它们相适应的意识形式便失去独立性的外观。它们没有历史，没有发展；那些发展着自己的物质生产和物质交往的人们，在改变自己的这个现实的同时也改变着自己的思维和思维的产物"[10]。必须指出，马克思这里所说的意识和意识形态"没有历史，没有发展"是指它们没有独立的历史、独立的发展，因为它们不过是现实生活的"反射和回声"罢了。尽管马克思从未使用过"唯物主义历史观"这样的概念，但他在谈到自己的立场时明确指出："这种历史观和唯心主义历史观不同，它不是在每个时代中寻找某种范畴，而是始终站在现实历史的基础上，不是从观念出发来解释实践，而是从物质实践出发来解释观念的东西。”[11]

正是从这样的历史观即唯物主义历史观出发，马克思告诫我们，意识、思想和观念的一切形式和产物都是不可能用单纯精神上的批判来加以消灭的，只有推翻它们所由产生的现实的社会关系，才能最终消灭它们。“历史的动力以及宗教、哲学和任何其他理论的动力是革命，而不是批判。”[12]通过上面的论述，马克思从根本上粉碎了黑格尔和青年黑格尔主义者制造的关于“思想统治世界”的唯心主义观点。

观念支配着历史

按照黑格尔的历史哲学理论，思想不仅统治着当下的现实生活，也支配着整个人类历史。正如马克思批评的：“黑格尔的历史哲学是整个德国历史编纂学的最终的、达到自己‘最纯粹的表现’的产物。在德国历史编纂学看来，问题完全不在于现实的利益，甚至不在于政治的利益，而在于纯粹的思想。”[13]弥漫在黑格尔历史哲学中的唯心主义历史观，主要表现在以下三个错误观念上。

其一，附带论。在马克思看来，每一代人作为现成的东西承受下来的生产力、资金和社会交往形式的总和构成历史的现实基础。然而，以黑格尔为代表的唯心主义历史观“不是完全忽视了历史的这一现实基础，就是把它仅仅看成与历史过程没有任何联系的附带因素”[14]。所谓“附带论”，就是把这一现实基础挂在思想和思想史的“腰带”上，只是在思想和思想史需要时，才把它作为例证或个案加以援引。毋庸置疑，正是这种附带论，把真实的历史关系完全颠倒过来了。在《资本论》中，马克思辛辣地嘲讽了这种错误的观念：“很明白，中世纪不能靠天主教生活，古代世界不能靠政治生活。相反，这两个时代谋生的方式和方法表明，为什么在古代世界政治起着主要作用，而在中世纪天主教起着主要作用。此外，例如只要对罗马共和国的历史稍微有点了解，就会知道，地产的历史构成罗马共和国的秘史。而从另一方面说，堂吉诃德误认为游侠生活可以同任何社会经济形式并存，结果遭到了惩罚。”[15]这段话充分表明，附带论是站不住脚的，它应该被颠倒为决定论，即历史正是由生产力、资金和社会交往形式的总和构成的现实基础所决定的。假如人们忽略这一现实基础，不但不可能对各种历史现象做出合理的解释，而且也会在行动上犯堂吉诃德式的错误。

其二，元首论。马克思认为，以黑格尔为代表的唯心主义历史观总是把元首，即国家的政治领袖理解为历史的创造者或推进者。这种错误观念在史学界拥有广泛而深远的影响。众所周知，在路易·波拿巴于1851年12月2日发生政变后，法国作家维克多·雨果和法国经济学家蒲鲁东分别出版了以这次政变为题材的著作。前者把政变描绘成突如其来的晴天霹雳，认为它完全是波拿巴个人的暴力行为。当他这样做时，他的动机是把波拿巴写成小人和罪人，但实际上却把他夸大为创造历史的巨人和伟人。后者试图把政变描绘成以往历史发展的必然结果，然而这种描绘却不知不觉地蜕变为为政变者的行为所做的辩护。与雨果和蒲鲁东所持的“元首论”不同，马克思表示：“相反，我则是证明，法国阶级斗争怎样造成了一种局势和条件，使得一个平庸而可笑的人物有可能扮演了英雄的角色。”[16]显然，马克思敏锐地觉察到了隐藏在政变深处的动因——经济关系与阶级利益；而雨果和蒲鲁东则始终停留在对元首的历史作用的惊叹上。

其三，目的论。马克思在批评青年黑格尔主义者布·鲍威尔的历史目的论时曾经写道：“从前的目的论者认为，植物所以存在，是为了给动物充饥，动物之所以存在，是为了给人类充饥，同样，历史所以存在，是为了给理论的充饥（即证明）这种消费行为服务。人为了历史而存在，而历史则为了证明真理而存在。在这种批判的庸俗化的形式中重复了思辨的高见：人和历史所以存在，是为了使真理达到自我意识。”[17]其实，在马克思看来，历史不过是各个世代的依次交替，每一代人都在前面的世代遗留下来的条件的基础上从事自己的活动，并在活动中努力改变以前的条件。然而，在黑格尔及青年黑格尔主义者的唯心主义历史观中，一切都被颠倒过来了，“好像后一个历史时期乃是前一个历史时期的目的，例如，好像美洲的发现的根本目的就是要引起法国革命。因此，历史便具有其特殊的目的并成为某个与‘其他人物并列的人物’（如像‘自我意识’‘批判’‘唯一者’等等）。其实，以往历史的‘使命’‘目的’‘萌芽’‘观念’等词所表明的东西，无非是从后来历史中得出的抽象，无非是从先前历史对后来历史发生的积极影响中得出的抽象”[18]。乍看起来，这种目的论试图对历史做出合理的解释，但一旦倒因为果，即把后续历史发展的结果作为目的引入到对前面的历史活动的动因的解释中去，历史就完全变质了，因为前面的历史活动本来在其发展中具有多种可能性，现在却被限定在作为其目的的后续历史结果的单一性中了。于是，活生生的历史消失了，历史哲学成了唯心主义的史学家们手中玩弄的魔方。

总之，黑格尔和青年黑格尔主义者所坚持的观念支配着历史的见解是完全错误的。在马克思看来，归根结底，这种见解是统治阶级的意识形态在历史哲学理论中的表现。事实上，马克思早已发现，“统治阶级的思想在每一时代都是占统治地位的思想。这就是说，一个阶级是社会上占统治地位的物质力量，同时也是社会上占统治地位的精神力量”[19]。而在统治阶级内部出现的精神劳动和物质劳动的分工，必定会使一部分人作为该阶级的思想家而出现，他们把编造这个阶级关于自身的幻想当作谋生的手段，因而这部分人还“作为思维着的人，作为思想的生产者而进行统治，他们调节着自己时代的思想的生产和分配；而这就意味着他们的思想是一个时代的占统治地位的思想”[20]。如此，我们就明白了，黑格尔和青年黑格尔主义者关于思想统治着现实、观念支配着历史的见解之所以在当时的德国成了主导性的理论，是因为这些理论作为意识形态的组成部分，本来就是为统治阶级的利益服务的。

语言主宰着生活

马克思认为，对于哲学家们来说，从思想世界降到现实世界是最困难的任务之一。为什么？因为“语言是思想的直接现实。

正像哲学家们把思维变成一种独立的力量那样，他们也一定要把语言变成某种独立的特殊的王国。这就是哲学语言的秘密，在哲学语言里，思想通过词的形式具有自己本身的内容。从思想世界降到现实世界的问题，变成了从语言降到生活中的问题”[21]。

毋庸置疑，与实证科学比较起来，哲学使用的语言是远为抽象的。在某种意义上，哲学就是运用抽象的概念，包括最普遍、最抽象的逻辑范畴（如存在、虚无、变化、本质、实存等），认识世界、规范世界的一门学科。由于哲学语言的高度抽象性，它与日常生活相联系的环节变得越来越模糊，以至于哲学家们很容易产生这样的幻觉，即哲学语言完全拥有自己的独立性。事实上，只要哲学家们停留在这样的幻觉中，他们的研究活动就会远离日常生活，他们的研究成果也会失去自己的意义，因为它们包含的只可能是诡辩和幻想。正如英国哲学家休谟曾经指出过的那样："我们如果在手里拿起一本书来，例如神学书或经院哲学书，那我们就可以问，其中包含着数和量方面的任何抽象推论吗？没有。其中包含着关于实在事实和存在的任何经验的推论吗？没有。那么我们就可以把它投在烈火里，因为它所包含的没有别的，只有诡辩和幻想。"[22]显然，马克思也拥有与休谟类似的见解。在《关于费尔巴哈的提纲》（1845）中，他告诉我们："关于思维——离开实践的思维——的现实性或非现实性的争论，是一个纯粹经院哲学的问题。"[23]也就是说，马克思早已认为，脱离现实生活的经院哲学是荒谬的。所以，当马克思强调，对于哲学家们来说，从思想世界降到现实世界是最困难的任务之一时，也就等于批评他们的哲学研究在很大的程度上已经丧失了自己的意义。那么，对于哲学家们来说，究竟有没有可能从抽象的、独立的语言世界降到日常生活世界中去呢？在马克思看来，这种可能性是存在的，即“哲学家们只要把自己的语言还原为它从中抽象出来的普通语言，就可以认清他们的语言是被歪曲了的现实世界的语言，就可以懂得，无论思想或语言都不可能组成特殊的王国，它们只是现实生活的表现”[24]。然而，这种“还原”究竟以何种方式得以实行呢？马克思认为，这需要我们对日常语言的起源做一个深入的考察。

在《评阿·瓦格纳的“政治经济学教科书”》（1879—1880）中，马克思尖锐地批评了瓦格纳试图单纯从理论活动出发去解释人对自然关系的做法，强调这一关系首先是实践的而不是理论的，即人是在从事物质生活资料生产的过程中创造出日常语言的，而这种语言起初表现为人对生产过程中接触到的各种取用物的命名。“这必然会发生：因为他们在生产过程中，即在占有这些物的过程中，经常相互之间和同这些物之间保持着劳动的联系，并且也很快必须为了这些物而同其他的人进行斗争。但是这种语言上的名称，只是作为概念反映出那种经过不断重复的活动变成经验的东西，也就是反映出，一定的外界物是为了满足已经生活在一定的社会联系中的人（这是从存在语言这一点必然得出的假设）的需要服务的。人们只是给予这些物以专门的（种类的）名称，因为他们已经知道，这些物能用来满足自己的需要。”[25]也就是说，人们最初只是出于生存的目的来命名这些对自己有用的物，随着精神劳动与物质劳动的分工的发生，随着各门学科的兴起、分离与独立，日常语言不断地向各个专门的学科领域中渗透，语词的含义变得越来越丰富，也越来越复杂，从而与它们原初的含义之间的联系也变得越来越模糊。如前所述，在哲学研究中，哲学家们为了探索普遍的、抽象的真理，赋予语词以更远离日常生活的含义。于是，无论是哲学家们，还是哲学或形而上学，都在这种自以为独立的、远离日常生活的语言的引导下步入了思维的误区。正如德国哲学家康德所说：“形而上学就是如此，它像泡沫一样漂浮在表面上，一掬取出来就破灭了。但是在表面上立刻又出来一个新的泡沫。有些人一直热心掬取泡沫，而另一些人不去在深处寻找现象的原因，却自作聪明，嘲笑前一些人白费力气。”[26]只要哲学或形而上学的语言仍然是脱离日常生活的，那么，它们就会把这些“泡沫”不断地生产出来。

在马克思看来，只有从哲学语言的用法退回到日常语言的用法中去，哲学才能获得新生。马克思的这一深刻的见解在20世纪最伟大的思想家之一维特根斯坦的著作中得到了回应。在《哲学研究》（1953）中，维特根斯坦表示：“当哲学家使用一个词——‘知识’‘存在’‘对象’‘我’‘命题’‘名称’——并且试图把握事物的本质时，我们必须经常这样问问自己：这些词在作为它们的发源地的语言中是否真的这样使用？——我们要把词从它们的形而上学用法带回到它们的日常用法上来。”[27]维氏之所以主张“要把词从它们的形而上学用法带回到它们的日常用法上来”，是因为人们在形而上学或哲学研究中对语言的使用与他们在日常生活中对语言的使用之间存在着巨大的差异，而正是这种差异导致形而上学或哲学研究中各种虚假的问题的产生。事实上，正是在哲学语言的误导下，哲学家们就像飞进捕蝇瓶的苍蝇，再也找不到飞出来的路径了。所以，维氏不无幽默地写道："你的哲学目标是什么？——给苍蝇指出一条飞出捕蝇瓶的途径。"[28]有趣的是，尽管维氏没有读过马克思的著作，但他的许多见解与马克思的存在着惊人的相似之处。当然，马克思对哲学语言秘密的揭露更多地指向以黑格尔和青年黑格尔主义者为代表的唯心主义历史观，而维氏则在更普遍的意义上反思了哲学语言中存在的问题。

综上所述，马克思对黑格尔及青年黑格尔主义者的唯心主义历史观的批判具有重要的理论意义和现实意义。一方面，它启示我们，意识、思想、观念从来就不是独立的力量，归根结底，它们源于现实生活。正如马克思所说："意识在任何时候都只能是被意识到了的存在，而人们的存在就是他们的实际生活过程。"[29]认识到这一点，也就等于获得了解开任何有关意识、思想和观念的秘密的钥匙。另一方面，它启示我们，由于语言是思想的直接现实，所以必须认真地反思和检查哲学语言，特别要关注语词在哲学研究和日常生活中的用法及含义上的差异，从而退回到现实生活中，使哲学思维在现实生活的基础上重新获得生机。要言之，只有深入到思想、历史和语言的层次上，唯心主义历史观才能得到彻底的清除，而唯物主义历史观才能获得坚实的基础。

［原载《探索与争鸣》2012年第11期］

参考文献

[1] 马克思恩格斯全集（第1卷）. 北京：人民出版社，1956：416.

[2][3][4][5][6][7][8][9][10][11][12][13][14][18][19][20][21][24][29] 马克思恩格斯全集（第3卷）. 北京：人民出版社，1960：525、16注 ①、16注 ①、22、16、30、31、34、30、43、43、45、44、51、52、52、525、525、29.

[15] 马克思. 资本论（第1卷）. 北京：人民出版社，1975：99.

[16][23] 马克思恩格斯选集（第1卷）. 北京：人民出版社，1995：580、55.

[17] 马克思恩格斯全集（第2卷）. 北京：人民出版社，1957：100—101.

[22] 休谟，关文运译. 人类理解研究. 北京：商务印书馆，1981：145.

[25] 马克思恩格斯全集（第19卷）. 北京：人民出版社，1963：405.

[26] 康德，庞景仁译. 未来形而上学导论. 北京：商务印书馆，1982：29.

[27][28] 维特根斯坦全集（第8卷）. 石家庄：河北教育出版社，2003：68、143.

马克思的意识考古学方法

我们这里说的“考古学”，并不是人们通常所理解的以古代文物为考察和研究对象的学问，而是指“意识考古学”，即以资本主义社会以前的各种社会意识形式为分析、考察对象的学问。所以，马克思的意识考古学也不同于当代法国哲学家福柯提出的知识考古学，后者主要研究各门科学的话语之间的内在联系。

马克思本人并未使用过“意识考古学”这样的提法，但他从历史唯物主义的基本立场出发，不仅对一般意识的起源和本质做了科学的说明，而且提出了一整套研究资本主义以前的社会存在及其意识的理论和方法。我们之所以创制“意识考古学”这个新词，目的是把马克思这方面的理论和方法系统地阐述出来，用以指导我们对文化尤其是传统文化的研究。

在《德意志意识形态》这部划时代的哲学著作中，马克思写道：“意识在任何时候都只能是被意识到了的存在，而人们的存在就是他们的实际生活过程。”[1] 这段话可以被看作马克思的意识考古学的最基本的原理。只有从这一基本原理出发，人们才能正确地理解并运用马克思的意识考古学的方法。马克思的意识考古学方法主要包括以下四方面的内容。

逆溯法

人们常常从达尔文的进化论或自然发生论的角度出发去理解马克思的历史方法，似乎马克思的历史方法就是对事物（如人类社会）从低级到高级、从简单到复杂的发展形态的描述和说明。实际上，马克思的历史方法作为研究方法，不是“顺序法”，而是“逆溯法”。

马克思指出：“人体解剖对于猴体解剖是一把钥匙。反过来说，低等动物身上表露的高等动物的征兆，只有在高等动物本身已被认识之后才能理解。因此，资产阶级经济为古代经济等等提供了一把钥匙。”[2]也就是说，马克思对社会存在、意识，尤其是经济观念和范畴的研究，并不是按照从古至今的自然发展顺序来进行的，而是从今溯古逆向进行的。马克思并没有说“猴体解剖是人体解剖的钥匙”，而是说“人体解剖是猴体解剖的钥匙”。为什么呢？因为在低等动物身上表露出来的某些征兆，只有在高等动物那里才充分展现出来，才能为人们所理解。同样，资本主义社会是历史上最发达的和最复杂的生产组织，通过对它的结构、关系及对这一复杂的结构、关系在观念、范畴上的表现的考察，同样可以透视一切已经覆灭的社会形式的结构、关系及其在观念、范畴上的表现。因此，从研究方法上来看，从对资本主义社会的剖析入手，逆过去考察古代社会反而是更容易的。比如，两千多年来，人们关于“价值”这一简单范畴的研究并没有得到什么结果，“而对更有内容和更复杂的形式的分析，却至少已接近于成功。为什么会这样呢？因为已经发育的身体比身体的细胞容易研究些”[3]。

那么，马克思的意识考古学的逆溯法的实施是否受一定条件的制约呢？这是毫无疑问的。这个条件就是要先行地获得对资本主义社会和意识的批判的识见。马克思认为："基督教只有在它的自我批判在一定程度上，可说是在可能范围内准备好时，才有助于对早期神话作客观的理解。同样，资产阶级经济只有在资产阶级社会的自我批判已经开始时，才能理解封建的、古代的和东方的经济。"[4]这就是说，对资本主义社会及其意识的批判的识见乃是理解古代社会（包括东方社会）及其意识的必不可少的钥匙。在马克思看来，如果一个学者还没有以批判的方式理解资本主义社会及其意识，还把资本主义生产方式理解为永恒的、自然的生产方式，他是不可能正确地理解资本主义以前的社会形式和意识的。马克思本人就是先以批判的眼光透彻地研究了资本主义社会后，才逆过去研究资本主义以前的社会形式的。这就告诉我们，意识考古学的出发点是"考今"。在这个意义上，我们不能泛泛地说，不懂得历史，就不懂得今天；而应说，不懂得今天，就不懂得历史。

归化法

所谓"归化法"，也就是意识向生活的还原。既然意识在任何时候只能是被意识到了的存在，而存在也就是人们的生活过程，因此就可以通过归化法，揭示出古代各种意识形式背后的真实生活。

众所周知，生活每天都在变化，向前发展，而意识作为对生活的反映，总是相对保守和落后，这可以被理解为意识的滞后性。

黑格尔在分析哲学这种意识形式的特点时就说过："密纳发的猫头鹰要等黄昏到来，才会起飞。"[5]也就是说，哲学作为关于世界的抽象的意识，要到现实结束其形成过程时才会出现。摩尔根在分析古代社会时也强调说，家庭是一个能动的、不断变化的因素，亲属制度和称谓则是被动的、保守的、滞后的。马克思在阅读这段话时写下了这样的评语："同样，政治的、宗教的、法律的以至一般哲学的体系，都是如此。"[6]

由于意识的这种滞后性，先前的生活形式虽然已经灭亡，但反映这种生活形式的意识仍然作为遗迹而残留着。比如神话、传说、原始宗教等，就是通过口头或文本的形式保留下来的先前生活的遗迹。不少学者由于不懂得意识的这一特征，常常在对古代文化的研究中迷失了方向。比如，英国学者托马斯·斯托兰奇在研究印度法时，发现印度妇女结婚时的聘金在她死后是按她本人的特殊的继承方式相传的。斯托兰奇称这种现象是"反常现象"，并对它的存在感到迷惑不解。马克思批评说："这种'反常现象'不过是以氏族女系继承制即原始继承制为基础的古代正常规则的片断的、仅限于一部分财产的残迹。"[7]因为所有印度的法律文献和注疏都是在由女性世系过渡到男性世系之后很久才写成的，所以斯托兰奇对印度妇女在聘金继承上的某种自主性感到迷惑。承认意识的这种滞后性并运用归化法，上述"残迹"就成了印度古代存在女系社会的重要证据。由此一斑即可见归化法在古代文化研究中的重要意义。

在论述马克思的意识考古学的归化法时，尚需说明，这种意识向现实的归化是指意识向以前曾经存在过的现实的归化，而不是指意识向将来的现实的归化。比如，英国历史学家格鲁特不但不把神话看作对已经湮没的先前的现实的一种反映，反而认为，正是神话创造了现实。马克思驳斥道："由于血族联系（尤其是专偶婚制发生后）已经湮远，而过去的现实看来是反映在神话的幻想中，于是老实的庸人们便作出了而且还在继续作着一种结论，即幻想的系谱制造了现实的氏族！"[8]这充分表明，没有历史唯物主义的立场，就不可能正确地运用意识考古学的归化法。

去蔽法

马克思认为，意识是在人们的生产劳动中形成并发展起来的。意识并不是那种风花雪月的闲诗，它的基本特征是实践的。在有阶级存在的社会中，意识则成了包含许多具体形式的意识形态。意识形态主要是由统治阶级中的一部分人——意识形态家——根据统治阶级的根本利益编造出来的。所以，以私有制为基础的社会形式的意识形态的根本特征，是用幻想的联系来歪曲、掩蔽现实生活中的真实的联系。在马克思看来，历史可以从自然史和人类史这两个方面加以考察，"我们所需要研究的是人类史，因为几乎整个意识形态不是曲解人类史，就是完全撇开人类史"[9]。既然意识形态总是掩蔽真实的东西，去蔽就成了意识考古学的一项基本任务。恩格斯认为，马克思之所以发现了人类历史发展的规律，是因为他先行地完成了去意识形态之蔽的工作。

所以，在研究古代文化时，必须努力做好去蔽的工作。比如，原始宗教对自然力的无限夸大、对所有事物的神秘化；古代政治史、法律史对王权起源的神秘的解释；古代史学对土地所有权问题的回避等，都表明了在对古代文化和意识的研究中去蔽的极端重要性。那么，意识考古学中的去蔽的基本方法是什么呢？那就是历史唯物主义的方法，在对有阶级存在的社会的意识的研究中，这一方法表现为阶级分析的方法。正如列宁指出的："马克思主义给我们指出了一条指导性线索，使我们能在这种看来迷离混沌的状态中发现规律性。这条线索就是阶级斗争的理论。"[10] 既然意识对实在的扭曲和掩蔽以统治阶级的根本利益为出发点，那么，意识考古学中的去蔽法实质上就是阶级分析法。

在对意识和意识形态的研究中，去蔽的必要性和先行性表明，马克思的意识考古学本质上是批判的考古学，其核心则表现为意识形态批判。没有这种奠基于历史唯物主义基础上的批判的识见，意识考古必然会迷失方向。

差异法

马克思意识考古学中的差异法有两方面的含义。

一方面的含义是，虽然人体解剖是猴体解剖的先导，但必须看到人体和猴体的差异，不能把它们简单地等同起来。马克思把意识考古学中这种抹杀差异的方法称为"逆序法"。比如，拉伯克像麦克伦南和巴霍芬一样，"把群婚和淫婚等同起来；实际上清楚得很，淫婚是一种以卖淫为前提的形式（卖淫只是作为婚姻——不论是群婚之类的婚姻还是一夫一妻制的婚姻——之对立物而存在的）。因此这是逆序法"[11]。这就是说，必须看到文明社会的淫婚和原始社会的群婚的根本差异，不能戴着文明社会的妓院的眼镜去看待古代社会。正如恩格斯所说：“如果戴着妓院眼镜去观察原始状态，那便不可能对它有任何理解。”[12]同样，在政治经济学研究中，也不能把现代意义上的地租和以前的代役租、什一税简单地等同起来。强调现代社会及其意识与古代社会及其意识的差异，还要排除那种把现在视为过去之目的的“未来完成式”的研究方法，这种方法只满足于从过去寻找现在的萌芽。正如马克思所批评的：“好像后一个历史时期乃是前一个历史时期的目的，例如好像美洲的发现的根本目的就是要引起法国革命。”[13]这种黑格尔式的思辨唯心主义的研究方法也应该加以避免。马克思之所以强调意识没有独立的发展史，正是因为他强调要从不同历史时期的物质资料的生产方式出发去解释意识，从而也充分肯定了不同历史时期的意识的差异性。

另一方面的含义是，必须看到东西方社会演化的不同路向，从而充分认识东西方文化和意识的差异。这方面的见解也构成了马克思意识考古学的一个重要内容。在马克思看来，东西方社会的发展一般都要经过三大形态，但从原生形态到次生形态的演化却经历了不同的路向：“在现实的历史上，雇佣劳动是从奴隶制和农奴制的解体中产生的，或者象在东方和斯拉夫各民族中那样是从公有制的崩溃中产生的。”[14]马克思对亚细亚的、古代的和日耳曼的生产方式的差异的分析，乃是我们在意识考古中必须遵循的重要方法。看不到这些差异，就不可能对古代东西方文化的异同做出合理的说明。

综上所述，马克思的意识考古学方法乃是他的人类学方法的一个重要的侧面，也是唯物史观的方法论的一个组成部分。对它的了解和把握，势必会丰富并深化我们对整个马克思主义哲学的理解，并对传统文化的研究产生积极的影响。

[原载《探索与争鸣》1992年第3期]

参考文献

[1][9][13] 马克思恩格斯全集（第3卷）. 北京：人民出版社，1960：29、20、51.
[2][4][14] 马克思恩格斯全集（第46卷上）. 北京：人民出版社，1995：43、44、14.
[3] 马克思. 资本论（第1卷）. 北京：人民出版社，1975：7—8.
[5] 黑格尔，范扬、张企泰译. 法哲学原理. 北京：商务印书馆，1979：14.
[6][7][8][11] 马克思恩格斯全集（第45卷）. 北京：人民出版社，1985：354、637、504、661.
[10] 列宁选集（第2卷）. 北京：人民出版社，1960：587.
[12] 克思恩格斯全集（第4卷）. 北京：人民出版社，1972：31.

批判理论的界限*

——对法兰克福学派主导思想的反思

实践：理论的界限

“理论”是一个含义不明晰的概念，为便于探讨起见，我们在这里把它定义为一组体系化的、自洽的陈述。理论又可以被细分为以下两种不同的类型：一是“诉诸实践的理论”，意即这种理论之所以被提出来，其目的就是为了付诸实践活动；二是“与实践相分离的理论”，意即这种理论之所以被提出来，只是出于提出者的单纯理论上的兴趣，而与实践活动无涉。

众所周知，在《尼各马可伦理学》第六卷中，亚里士多德提出了灵魂把握真理的五种形式，其中的“实践智慧”与其他四种能力不同，它显示的正是人们在处理日常事务尤其是政治和道德上的事务的能力。后来，康德进一步把理性区分为“理论理性”

---

* 本文系俞吾金先生2014年7月在加拿大参加“法兰克福学派：对资本主义文化的批判”国际学术会议时所撰写的论文，是先生生前撰写的最后一篇论文。加拿大道格拉斯大学副校长欧阳光伟先生，复旦大学汪行福老师、张双利老师为本文的整理做了辛苦的工作，在此特表感谢！

和“实践理性”，并强调实践理性比理论理性更重要。黑格尔也在《逻辑学》中强调了实践的重要性，并对马克思的思想产生了重要的影响。

在马克思那里，“实践”概念获得了基础性的、核心的地位。这充分体现在马克思《关于费尔巴哈的提纲》的第十一条论纲中：“哲学家们只是用不同的方式解释世界，问题在于改变世界。”[1]如果说在这条论纲中，马克思肯定了“改变世界”（实践）比“解释世界”（理论）更重要，那么，在第八条论纲中，他又进一步强调：“全部社会生活在本质上是实践的。凡是把理论引向神秘主义的神秘东西，都能在人的实践中及对这个实践的理解中得到合理的解决。”[2]显然，在马克思看来，即便是在“解释世界”的理论活动中，实践仍然起着基础性的、核心的作用。由此可见，把马克思的学说按他自已的想法称为“实践唯物主义”是完全正确的。

西方马克思主义的早期代表人物卢卡奇、柯尔施和葛兰西，在批判以伯恩斯坦为代表的第二国际右翼所倡导的“科学的马克思主义”的同时，在一定程度上复兴了马克思的实践唯物主义的理论。事实上，像马克思一样，卢卡奇、柯尔施和葛兰西都亲身参加了当时的革命实践。这样看来，马克思、卢卡奇、柯尔施和葛兰西的学说完全可以被称为“诉诸实践的理论”。然而，我们不得不承认，法兰克福学派的理论与上述理论不同，它应该从属于“与实践相分离的理论”。

平心而论，法兰克福学派的成员们也关注过理论与实践的关系。霍克海默认为：“对大多数研究者来说，理论是关于某个主题的命题总汇；这些命题之间紧密相联，有几个是基本命题，其他命题由基本命题推出。与派生命题相比，基本原理的数目越少，理论就越完善。”[3]他区分了以笛卡尔为代表的传统理论和以马克思为代表的批判理论，认为前者使理论与实践相分离，后者则“把一切为实践态度提出的理论与它们所反映的社会阶层联系起来”[4]。哈贝马斯在《理论与实践》(1963)中进一步指出，“历史唯物主义可以被理解为一种以实践的意图拟定的社会理论”[5]，并从三个不同的方向探索了理论与实践的关系，甚至提出了“实践学”[6]的新概念。

然而，无论是霍克海默、阿多诺，还是哈贝马斯，当他们的著作唤起左派学生的思想热情，使学生们走上街头，并以实践活动的方式来对抗资本主义制度时，他们自己却退缩了。他们不但与所有政治性的实践活动相脱离，还与左派学生运动发生了激烈的冲突。阿多诺甚至表示：“当我构造自己的理论模式时，我不能猜出人们想要用燃烧瓶去实现它。”[7]哈贝马斯则指责学生是“左派法西斯主义”。随后，他不得不为此而离开了法兰克福。[8]由此可见，法兰克福学派的理论不但与反抗资本主义统治的实践活动相脱离，甚至还是对立的。在这个意义上，实践成了法兰克福学派理论的界限。

革命：批判的界限

法兰克福学派的成员们以为自己继承了康德和马克思的批判传统，但他们并没有意识到，马克思的批判理论也包含着对批判的界限和有效性的自觉意识，而这种自觉意识正是在马克思反思以布鲁诺·鲍威尔为代表的青年黑格尔主义者的唯心主义思想倾向的过程中形成并发展起来的。在《德意志意识形态》的第一章“费尔巴哈”中，马克思明确地告诉我们：“意识的一切形式和产物不是可以用精神的批判来消灭的，也不是可以通过把它们消融在‘自我意识’中或化为‘幽灵’‘怪影’‘怪想’等等来消灭的，而只有实际地推翻这一切唯心主义谬论所由产生的现实的社会关系，才能把它们消灭；历史的动力以及宗教、哲学和其他理论的动力是革命，而不是批判。”[9]

按照马克思的观点，批判是一种意识或精神范围内的活动，尽管批判可以在一定程度上唤醒人们的意识，使他们了解资本主义社会的真相，但了解真相，并不等于已经从该社会中解放出来了。有鉴于此，马克思曾以嘲讽的口吻写道：“有一个好汉一天忽然想到，人们之所以溺死，是因为他们被关于重力的思想迷住了。如果他们从头脑中抛掉这个观念，比方说，宣称它是宗教迷信的观念，那么他们就会避免任何溺死的危险。……这位好汉就是现代德国革命哲学家们的标本。”[10]显然，在马克思看来，单纯思想范围内的批判活动是无法消灭这些错误观念的，资本主义社会由于其统治的需要而把这些观念不断地复制出来。也就是说，要从根本上消灭这些错误的观念，就不得不推翻它们得以产生的现实的社会关系。而当人们这样做时，他们就不是在诉诸批判，而是在诉诸革命了。因而马克思指出：“……实际上和对实践的唯物主义者，即共产主义者说来，全部问题都在于使现存世界革命化，实际地反对和改变事物的现状。”[11]由此可见，马克思的批判理论对批判和革命的不同的社会功能做出了明确的区分。对于他来说，批判本身并不是目的，而是手段，它不过是为革命做舆论上的准备罢了。

然而，对于法兰克福学派的成员们来说，对资本主义社会的批判本身却成了目的。他们重视的只是他们在从事批判，至于批判是否触及了现实、是否会导致对社会的颠覆、是否会引发推翻资本主义制度的革命，不仅不是他们所关心的，而且是他们竭力加以回避的。尽管霍克海默在谈到与批判理论密切相关的经济领域时说，“经济是灾难深重的首要原因，无论是理论的批判，还是实践的批判，都必须使自己首先致力于经济”[12]，但这里所说的“实践的批判”即革命始终只是一句空话。如果说霍克海默借口历史条件的变化而不敢重新出版自己的早期著作的话，那么，阿多诺则采取了所谓“冬眠战略”，拒绝对任何革命行动的参与。[13]所有这些都表明，法兰克福学派的批判理论只是纯粹思想领域里的“革命活动”，而不是现实生活中的革命活动。在这个意义上，革命成了批判理论无法逾越的界限。

肯定：辩证法的界限

法兰克福学派的辩证法思想集中体现在霍克海默和阿多诺合著的《启蒙辩证法》（1947）以及阿多诺独著的《否定的辩证法》（1966）中，是对黑格尔和马克思的辩证法传统的继承和发展。

很少有人注意到，黑格尔的方法论不等同于黑格尔的辩证法。在《逻辑学》第79节中，黑格尔告诉我们：“逻辑思想就形式而论有三方面：（a）抽象的或知性［理智］的方面，（b）辩证的或否定的理性的方面，（c）思辨的或肯定的理性的方面。”[14]也就是说，黑格尔的方法论是由三个不同的环节组成的。而“辩证的或否定的理性的方面”，通常被黑格尔简称为“辩证法”，不过是黑格尔的方法论的第二个环节。事实上，在黑格尔的方法论中，第一、第三两个环节都起着肯定的作用，只有第二个环节起着否定的作用。如果说黑格尔方法论中的第三个环节所蕴含的肯定的方面有可能导致折中主义（这通常被认作黑格尔思辨哲学的弊端），那么，第一个环节所蕴含的肯定的方面对于遏制辩证法滑向虚无主义来说，却绝对是必要的。作为一个革命者，马克思只重视黑格尔方法论中的第二个环节——辩证法，因为对他来说，“辩证法不崇拜任何东西，按其本质来说，它是批判的和革命的”[15]。但马克思的辩证法不会导致虚无主义，因为他有自己追求的肯定性的目标，即作为资本主义的取代方案的共产主义：“共产主义对我们说来不是应当确立的状况，不是现实应当与之相适应的理想。我们所称为共产主义的是那种消灭现存状况的现实的运动。”[16]

然而，阿多诺的《否定的辩证法》所主张的“否定”却是绝对排斥肯定的否定。他在该书的序言中指出：“否定的辩证法是一个蔑视传统的词组。早在柏拉图之时，辩证法就意味着通过否定来达到某种肯定的东西；‘否定之否定’的思想形象后来成了一个简明的术语。本书试图使辩证法摆脱这些肯定的特性，同时又不减弱它的确定性。展开这个自相矛盾的标题，是它的一个目的。”[17]

阿多诺之所以把自己的辩证法解释为绝对排斥任何肯定方面

的否定辩证法，一是源自他对实证主义的敌对态度。实证主义的核心思想体现在“实证的”这个形容词上，而它同时也可被解释为“肯定的”。在这个意义上，排斥肯定方面，也就是排斥实证主义。辩证法与实证主义的差别在于：前者既包括肯定的方面，又包括否定的方面；但后者只包括肯定的方面。因此，前者具有批判、否定资本主义的资源，后者却缺失这样的资源。尽管阿多诺与实证主义划清界限是正确的，但他的辩证法绝对地排斥肯定的方面显然是错误的。二是因为奥斯维辛集中营使阿多诺最终抛弃了事物的肯定方面得以存身的同一性：“奥斯维辛集中营证实纯粹同一性的哲学原理就是死亡。”[18]然而，阿多诺混淆了两个不同的概念——同一性与同质性——之间的差别。他应该加以反对的是理论与现实的同质性关系，而不是它们的同一性关系。

事实上，假如理论与现实之间缺乏同一性，那么阿多诺撰写自己的著作去影响现实就变得完全不可能了。在我看来，我们应该区分两种不同的同一性：一方面，我们应该摆脱以理论与现实的同质性为基础的理论与现实的同一性（黑格尔坚持的正是这种同一性）；另一方面，我们应该追求以理论与现实的异质性为基础的理论与现实的同一性（康德和马克思坚持的正是这种同一性）。

正如黑格尔把怀疑主义理解为否定意义上的独断主义一样，阿多诺的否定的辩证法也可以被理解为否定意义上的实证主义。乍看起来，阿多诺拒斥任何肯定的方面。但在《启蒙辩证法》的新版前言中，他和霍克海默表示：“连进步也不放过的批判思想，今天要求支持所剩不多的自由，捍卫现实中的人道倾向，而不管它们在历史的滚滚洪流中显得多么的苍白无力。”[19]也就是说，“自由”和“人道倾向”仍然是法兰克福学派追求的最低的肯定的方面。事实上，无论是马尔库塞从否定现代资本主义的意义上提出的“大拒绝”，还是哈贝马斯从肯定现代资本主义的意义上提出的“交往行动理论”、韦梅尔的“坚持现代性”、霍耐特的“承认理论”等，追求的共同目标都是使现代资本主义社会进一步合理化，而不是像马克思那样，颠覆资本主义社会，以共产主义社会取而代之。

众所周知，辩证法是以人的实践活动为基础的，它的本质是批判的和革命的。而一种缺乏明确的肯定性的社会取代方案的辩证法，归根结底是苍白无力的。尽管它竭力使自己与实证主义对立起来，但它充其量不过是一种更隐蔽的实证主义罢了。

总之，在资本主义制度的大框架内，批判、抵抗、否定资本主义社会的某些现象，就是法兰克福学派的批判理论已经从事和目前正在继续从事的工作。不颠覆资本主义制度这个大框架，就是法兰克福学派的批判理论的总体上的界限，而这一界限也正是它与马克思的批判理论的根本差异之所在。法兰克福学派的批判理论仍然是富有潜力和影响力的。然而，它对现代资本主义的抵抗归根结底只类似于麦子对镰刀、婴儿对母腹的抵抗。这种抵抗除了导致资本主义的完善化以外，是不会有其他结果的。

[原载《探索与争鸣》2014年第12期]

参考文献

[1][2] 马克思恩格斯选集（第4卷）. 北京：人民出版社，1995：57、56.

[3][4][12] 霍克海默，李小兵译. 批判理论. 重庆：重庆出版社，1989：181、220、235.

[5][6] 哈贝马斯，郭官义、李黎译. 理论与实践. 北京：社会科学文献出版社，2004：3、6.

[7] 马丁·杰，瞿铁鹏、张赛美译. 阿多诺. 北京：中国社会科学出版社，1992：78.

[8][13] 马丁·杰，单世联译. 法兰克福学派史（第2版序）. 广州：广东人民出版社，1996：6—7、14.

[9][10][11][16] 马克思恩格斯全集（第3卷）. 北京：人民出版社，1960：43、16、48、40.

[14] 黑格尔，贺麟译. 小逻辑. 北京：商务印书馆，1980：172.

[15] 马克思. 资本论（第1卷）. 北京：人民出版社，1975：24.

[17][18] 阿多诺，张峰译. 否定的辩证法. 重庆：重庆出版社，1993：1、362.

[19] 霍克海默、阿多诺，渠敬东、曹卫东译. 启蒙辩证法. 上海：上海人民出版社，2003：2.

左翼理论家们的阿基里斯之踵

——以对拉克劳思想的剖析为例

众所周知，法国结构主义的马克思主义者阿尔都塞在《阅读〈资本论〉》（1965）一书中提出了“根据症候阅读”（lecture symptomale）这一著名的阅读方法。那么，阿尔都塞希望读者关注的“症候”究竟是指什么呢？也就是指文本中的空白、省略、跳跃、盲点、语焉不详或模棱两可的地方。其实，正是在这些地方隐藏着批判性地解开文本秘密的钥匙。这种阅读方法确实有令人鼓舞之处。我们注意到，当代左翼理论家们，如拉克劳、齐泽克、巴特勒等，都十分娴熟地运用这种阅读方式去理解并阐释当今时代的各种文本——当然，也包含对传统文本，尤其是马克思主义经典作家们的文本的理解和阐释。然而，令人费解的是，当人们去阅读、理解这些左翼理论家的著作时，却发现他们专注于文本中那些明显地被主题化的内容，并纠缠于这些内容[1]，几乎没有人

1 参见巴特勒、拉克劳、齐泽克合著的《偶然性、霸权和普遍性：关于左派的当代对话》的“导言”和“问题”部分。在“问题”部分中，巴特勒提出了11个问题，拉克劳提出了6个问题，齐泽克提出了10个问题，均未涉及本文探讨的4个问题，而这4个问题正是第三国际的创立者列宁和西方马克思主义的早期代表人物卢卡奇和葛兰西重点探索的问题。在当代左翼理论家那里，为什么这些早期探索者积累的重要历史经验会被遗弃，甚至完完全全地被遮蔽起来？这正是我们通过“根据症候阅读”的方法所要弄清的问题。

运用“根据症候阅读”的方法，去揭示他们的文本中存在的空白和盲点。本文试图通过对拉克劳这一新左翼领军人物的主要文本的解读，揭示出其文本中的空白和盲点，从而阐明新左翼理论家们是如何陷入迷思的。

自发性和自觉性

我们知道，列宁在《怎么办?》(1901—1902)这部重要的著作中提出了当时俄国革命斗争面对的五个重要的问题，其中第二个问题就是“群众的自发性和社会民主党的自觉性”。列宁十分明确地指出:“我们说，工人本来也不可能有社会民主主义的意识。这种意识只能从外面灌输进去，各国的历史都证明：工人阶级单靠自己本身的力量，只能形成工联主义的意识……而社会主义学说则是从有产阶级的有教养的人即知识分子创造的哲学理论、历史理论和经济理论中发展起来的。现代科学社会主义的创始人马克思和恩格斯本人，按他们的社会地位来说，也是资产阶级知识分子。俄国的情况也是一样，社会民主党的理论学说也是完全不依赖于工人运动的自发增长而产生的，它的产生是革命的社会主义知识分子的思想发展的自然和必然的结果。”[1]在这段重要的论述中，列宁激烈地批评了当时由俄国社会民主党主办的《工人思想报》，用工人运动的自发性来压倒社会民主党工作的自觉性的种种错误观念，并斩钉截铁地表示:“对工人运动自发性的任何崇拜，对‘自觉因素’的作用即社会民主党的作用的任何轻视，完全不管轻视者自己愿意与否，都是加强资产阶级思想体系对工人的影响。”[2]因而列宁坚决主张：“我们应当积极地对工人阶级进行政治教育，发展工人阶级的政治意识”[3]，同时也“需要同自发性进行殊死的斗争”[4]。毋庸置疑，列宁全面地阐述了自发性与自觉性之间的辩证关系。

然而，拉克劳却完全无视列宁在这方面留下的宝贵历史经验。在他与墨菲合作撰写的《领导权与社会主义的策略》（1985）一书中，他不但没有把“自发/自觉”这对概念作为未来社会主义策略中的重要问题提出来，只是附带地提到了自发性的问题，而且完全站在了为自发性辩护的立场上。拉克劳在谈到卢森堡思想中的自发主义倾向时，明确表示：“然而自发性理论并没有在逻辑上支持她的结论，相反，正是自发性理论的逻辑意味着被统一起来的主体类型仍然会极大地处于不确定之中。在俄国专制国家的情形中，如果对抗点和多样化斗争的多元决定条件是压制性的政治环境，为什么阶级限制不能被超越并且导致以大众和民主为根本基础的、部分上被统一起来的主体？甚至在卢森堡的原文中——尽管作者教条僵化，对于她来说每一个主体必须是阶级主体——还是在许多地方超出了阶级范畴。”[5]显然，在拉克劳看来，卢森堡的过失不在于她过度地赞扬并提倡工人阶级和其他群体的自发性的活动，而在于她对这种自发性活动的丰富性和重要性还缺乏足够的认识。此外，她还以“教条僵化”的方式把群众性的自发性运动与阶级主体关联起来。而拉克劳则认为，像“阶级主体”这样的概念，尤其是视“工人阶级”为特权性的本体的传统观念，都应该被列入解构的范围之内。一方面，拉克劳无限地扩大了工人阶级内部的利益诉求的差异；另一方面，他又不恰当地夸大了

“二战”后兴起的新社会运动（如女性主义、生态主义、反种族歧视、后殖民主义等运动）的重要性。

事实上，如果左翼理论家们全都像拉克劳那样停留在对多元的新社会运动的自发性的肯定和崇拜中，同时又解构了工人阶级在反对资本主义制度中的基础的、核心的地位和作用，那么作为工人阶级先锋队的社会民主党尤其是共产党也就完全被解构了。由此，其知识分子代表把革命思想自觉地灌输到工人阶级队伍中的方式也就完全失去了它的意义。不难看出，左翼理论家们对自发性的肯定和对政党工作中的自觉性的回避，在思想上只可能导致取消主义的结果。

合法性和非法性

如果说传统的、患有幼稚病的“左派”理论家们总是不分青红皂白地排斥一切合法斗争的话，那么，以拉克劳为代表的当代左翼理论家们则完全迷恋于合法性范围内的斗争，即使在话语上也很少涉及非法性的领域。换言之，在他们的著作和演说中，非法斗争永远处于空白的、缺失的状态中。出现这样的局面绝不是偶然的，它启示我们，当代左翼理论家们实际上早已把马克思主义、列宁主义的革命精神篡改为咖啡馆里的清谈或大学报告厅里的高头讲章。

在《共产主义运动中的“左派”幼稚病》（1920）中，列宁高度肯定了把合法性斗争与非法性斗争结合起来的革命策略的重要性和必要性：“资产阶级君主制度正在维新的整个历史环境，使我们必须把合法的工作同不合法的工作配合起来。现在如果回顾一下这个十分完整的历史时期（它同以后各时期的联系也已经完全显示出来了），就会特别清楚地看出：假使布尔什维克当时没有在最严酷的斗争中坚持一定要把合法的斗争形式同不合法的斗争形式结合起来，坚持一定要参加最反动的议会以及其他一些受反动法律限制的机构（如保险基金会等），那么他们就决不可能在1908—1914年间保住（更不用说巩固、发展和加强）无产阶级革命政党的坚强核心。”[6]列宁尖锐地批评了其他欧洲国家尤其是德国社会民主党中的左翼理论家们：“人们过分习惯于合法状态，习惯于由政党定期举行的代表大会自由地正常地选举‘领袖’，习惯于通过议会选举、群众大会、报章杂志，通过工会和其他团体的情绪变化等方便办法来检验各政党的阶级成分。”[7]然而，在列宁看来，当革命形势急剧发展到引发内战的情况、不得不交替地使用合法的和不合法的方式进行斗争时，他们便变得惊慌失措了。显而易见，按照列宁的看法，1918—1920年间欧洲部分国家革命失败的一个重要原因是，这些国家社会民主党的左翼在策略上并不懂得如何把合法的斗争与非法的斗争紧密地结合起来。

我们发现，列宁总结的经验教训在今天仍然具有不可忽视的现实意义。众所周知，拉克劳之提出将激进的多元民主政治作为社会主义的新策略，完全基于他对形形色色的新社会运动的认同。正如他告诉我们的：“‘新社会运动’一词是一个不能令人满意的术语，它把一系列极端不同的斗争汇集在一起，这些斗争包括都市的、生态主义的、反权力主义的、反制度化的、女性主义的、反种族歧视的、少数民族权力的、地区的或性少数的斗争，它们的共同点就是它们与被当成‘阶级’斗争的工人斗争有所区别。”[8]在这里，拉克劳列举了各种新的社会运动，并把它们与工人运动分离开来、对立起来。其实，明眼人一看就明白，这里谈到的所有种类的“新社会运动”，其性质都属于合法斗争，即在统治阶级的法律许可的范围内展开的斗争，而这类斗争的共同目标是实现激进的多元民主。正如凯尔纳和贝斯特在分析拉克劳笔下的“民主”概念时所指出的那样：“和所有其他词汇一样，民主也是一个‘漂浮不定的能指’，可以在无数的方向上得到阐发。”[9]也就是说，所有这类新社会运动都不可能对统治阶级的利益造成根本性的威胁。

毋庸置疑，既然在以拉克劳为代表的当代左翼理论家的著作中，“非法斗争”已经完全从社会主义策略中被排除了，那么这就表明，他们所说的“社会主义”不过是一个虚假的社会主义概念。归根结底，这种激进的多元民主政治是从属于资产阶级的意识形态的。

组织状态和非组织状态

在总结俄国十月革命取得成功的历史经验时，列宁反复强调了工人阶级的先进政党及其铁的纪律的重要性，而这一重要问题在卢卡奇的《历史与阶级意识》(1923)中则被表达为“组织问题”。卢卡奇指出：“随着世界大战的爆发，随着国内战争的发生，这个过去的‘理论’问题变成了非常迫切的实际问题。组织问题变成了政治策略之一。”[10]然而，卢卡奇又不无担忧地指出：“组织问题虽然有时处于论争的中心地位（例如在讨论合并的条件时），然而是理论家们最不关心的问题。”[11]一方面，各国共产党的理论兴趣过多地被世界经济和政治形势的变化所吸引，因而忽视了对组织问题的深入探讨；另一方面，许多错误的策略观点也是从对组织问题的错误理解中形成并发展起来的。在卢卡奇看来，在组织问题上存在的这种“无意识的”状态，正是这些国家的共产党和工人运动不成熟的象征。卢卡奇之所以把组织问题视为当时各国共产党和工人运动不得不面对的重大课题之一，是“因为组织是理论和实践之间的中介形式。正像在每一种辩证的关系中一样，这一辩证关系的两项只有在这一中介中和通过这一中介才能获得具体性和现实性”[12]。显而易见，如果把组织问题与理论分离开来，就会看不到它在理论上的重要意义；同样地，如果把组织问题与运动的策略分离开来，运动就有可能陷入机会主义或启动主义。总之，必须高度重视组织问题在理论与实践之间的中介作用。

无独有偶，作为意大利共产党的领导人之一，葛兰西也十分重视组织问题，这充分体现在他创制出来而又频繁地加以使用的“organic intellectual”这个概念上。有趣的是，在葛兰西著作的中文译本中，这个英语短语几乎无例外地被译为“有机知识分子”。我们认为，这种译法显然是错误的，因为知识分子作为生命体，本身就是有机的，它应该被译为“组织起来的知识分子”或“有组织的知识分子”。[13]我们的译法才充分体现出葛兰西对组织问题的高度重视。在《狱中札记》（1929—1935）中，葛兰西明确地表示:“某些社会集团的政党不过是它们直接在政治和哲学领域而非生产技术领域培养自己的有组织的知识分子(原译文为:有机知识分子。——引者注)范畴的特定方式。考虑到该社会集团的总特征以及形成、生活和发展的条件,这些知识分子便只能以这种方式而不能以其他方式形成。”[14] 显然,在葛兰西看来,共产党需要的正是这样的“有组织的知识分子”:一方面,他们已经被组织起来受到共产党的领导和指引;另一方面,他们又积极主动地去组织其他人,从而团结越来越多的知识分子,不断地扩大有组织的知识分子的队伍,以完成革命事业。

然而,在拉克劳那里,尽管“社会主义的策略”是一个核心的话题,但由于他强调激进的多元民主政治是通过领导权对异质的新社会运动的“连接”(articulation)而形成的,而领导权作为“漂浮的能指”并不关涉确定的主体——因为这些主体(如意志集团、工人阶级、共产党等)都已经被拉克劳所解构——因而在卢卡奇和葛兰西看来是如此重要的组织问题,在拉克劳那里却完完全全地成了一个边缘性的话题,甚至被严严实实地遮蔽了起来。拉克劳这样写道:“对统一主体范畴的批判和对于每个主体立场赖以建立的话语分散性的认识,会包含比一般理论立场更多的东西:它们是思考多样性的必要条件。民主革命遭遇某些障碍,而多样性则使对抗产生出来。这给予我们一个理论空间,能够在激进的和多元的民主概念——这是我们从这一点出发论述的核心——的基础上,发现理解民主的首要条件。主体概念不能回到肯定的和统一的原则——只要接受这一点,多元主义就能被视为一个激进的概念。”[15] 在这一长段阐明自己的核心观念的论述中,拉克劳完全撇开了组织问题。

事实上，当他把社会主义革命理解为单纯话语上的对资本主义的“批判”活动时，这种只依赖新的、碎片式的主体，而完全不依赖任何组织（如工会，尤其是政党）的所谓“革命”，不过是左翼理论家们的白日梦而已。

革命的条件和无条件的革命

在列宁看来，革命并不是随时随地都会爆发的，只有具备了一定的条件，革命才可能发生。在《共产主义运动中的“左派”幼稚病》中，列宁告诉我们：“要举行革命，单是被剥削被压迫群众认识到不能照旧生活下去而要求变革，还是不够的；要举行革命，还必须要剥削者也不能照旧生活和统治下去。只有‘下层’不愿照旧生活而‘上层’也不能照旧维持下去的时候，革命才能获得胜利。这个真理的另一个说法是：没有全国性的（既触动被剥削者又触动剥削者的）危机，进行革命是不可能的。”[16]这就是说，要举行革命。第一，必须要多数工人充分认识到革命的必要性，并有为革命牺牲的决心；第二，必须要统治阶级遭遇政府危机，这种危机甚至把最落后的群众也卷入了政治活动，从而削弱了政府的力量，使革命者有可能很快地推翻它。然而，“左派共产主义者的错误目前之所以特别危险，正是因为有些革命者对这两个条件都抱着一种不够认真、不够重视、不够自觉、不够慎重的态度”[17]。列宁这里说的“四个不够”，充分反映出左翼理论家们的浮躁情绪和幼稚病症。

列宁的上述论断，尤其是他对共产主义运动中的“左派”幼稚病的批判，对我们深刻认识以拉克劳为代表的当代左翼理论家的思想局限性具有十分重要的理论意义。在《领导权与社会主义策略》一书中，拉克劳先把列宁的“革命”概念曲解为“按照雅各宾派模式铸造的经典的‘革命’概念”，然后指出:“假如我们用这个概念来理解政治断裂点上的一系列斗争的多元决定作用，这个断裂会伴随着横贯整个社会结构的多样化作用，那么对于‘革命’概念不会有任何异议。如果这就是它所包含的一切，那么，毫无疑问，在许多情况下，用暴力推翻一个旧压迫制度正是民主发展的条件。但是，传统革命概念的含义远远超过这一点：它包含着革命行动的根本特征，即建立一种权力集中的制度，由此社会能够被‘合理地’组织起来。这个观点与激进民主所要求的多元性和开放性是矛盾的。”[18]显然，拉克劳在这里把两个不同性质的问题——革命后权力的集中与革命自身是否必要——混淆起来了，他试图用前一个问题否定后一个问题。我们认为：一方面，从现实情形看，在革命刚取得成功的情况下，如果权力完全分散而不集中，革命成果必定会很快地流失。例如，俄国十月革命成功后曾经遭到了14个国家的围攻。毋庸置疑，当时如果权力不集中，新政权很快会陷于瓦解。另一方面，从长远看，新政权在得到巩固之后，确实也应该逐步改变权力集中的现象。总之，应该用复杂性的眼光来看待革命与权力集中之间的关系问题，以便对历史经验做出合理的总结；而不是采取简单化的做法，干脆对传统意义上的“革命”概念加以贬损和否定。

事实上，拉克劳这样做，已经从根本上否弃了传统的“革命”

概念，代之以激进的多元民主的不断增殖，从而从根本上抹杀了革命状态和非革命状态之间质的区别；换言之，从根本上取消了革命。

综上所述，我们发现，以拉克劳为代表的当代左翼理论家坚持的是比列宁时代的左翼理论家更幼稚、更荒谬的立场。他们满足于“占领华尔街”这类自发的、从根本上未超越合法性观念的对抗，满足于非组织的、零星的、异质的新社会运动的此起彼落，满足于所谓的“领导权”对“漂浮的能指”的不确定的、不完全的缝合。概言之，他们坐在书斋里，用话语、清谈、解放的逻辑取代了一切。正如马克思在《黑格尔讽刺短诗》中撰写的：

> 我给你揭示一切，
> 我献给你的仍是一无所有！[19]

［原载《探索与争鸣》2014年第1期］

参考文献

[1][2][3][4] 列宁选集（第1卷）. 北京：人民出版社，1995：317—318、325、342、327.

[5][8][15][18] 恩斯特·拉克劳、查特尔·墨菲，尹树广、鉴传今译. 领导权与社会主义的策略. 哈尔滨：黑龙江人民出版社，2003：6—7、177—178、186、199—200.

[6][7][16][17] 列宁选集（第4卷）. 北京：人民出版社，1995：146、152、193、193.

[9] 道格拉斯·凯尔纳、斯蒂文·贝斯特，张志斌译. 后现代理论. 北京：中央编译出版社，2001：258—259.

[10][11][12] 卢卡奇，杜章智、任立、燕宏远译. 历史与阶级意识. 北京：商务印书馆，1995：377、385、389.

[13] 俞吾金. 究竟如何理解并翻译葛兰西的重要术语organic intellectual？. 哲学动态，2010（2）.

[14] 葛兰西，曹雷雨等译. 狱中札记. 北京：中国社会科学出版社，2000：10.

[19] 马克思恩格斯全集（第40卷）. 北京：人民出版社，1982：651.

向生活世界的辩证法复归

在以往的哲学研究中，人们热衷于把辩证法从其载体——生活世界——中剥离出来，单独地加以发挥，结果导致了诡辩。但人们在拒斥诡辩时，又走向了另一个极端，即干脆否定了生活世界的辩证法，把婴儿和洗澡水一起倒掉了。于是，各种非此即彼的、肤浅的意见和争论便到处泛滥。事实上，要认识生活世界的本质，就不得不复归到它的辩证法上面去。以下从四个不同角度探索生活世界的辩证法。

全球化与区域化

在当前各种哲学、文化的刊物上，讨论“全球化”已经成了一种新的时尚。其实，马克思和恩格斯早在150多年前出版的《共产党宣言》中已经预见到这种必然趋势。他们在分析资产阶级的历史作用时这样写道：“不断扩大产品销路的需要，驱使资产阶级奔走于全球各地。它必须到处落户，到处创业，到处建立联系。资产阶级，由于开拓了世界市场，使一切国家的生产和消费都成为世界性的了。”20世纪70年代，美国学者沃勒斯坦在他的著作《现代世界体系》中，超越了以前的学者把一个主权国家、一个地区或一个文明作为分析单位的研究方法，主张把整个世界体系作为分析单位来探讨现代世界的演化。这些预言和见解显示出卓越的眼光。20世纪六七十年代以来，随着跨国公司、国际贸易、世界金融体系、计算机技术和全球信息网络的飞速发展，世界变得越来越小了，“地球村”已成了人们生活中的惯用语。一言以蔽之，这种在世界经济一体化推动下日益逼近的“全球化”趋势确实应该引起我们的高度重视。为了维护我们的生存，必须采取相应的措施来适应这种发展趋势。

然而，如果人们在当前的生活世界中只见到这种趋势，那么，其思维、决策和行为必将陷入错误之中，因为与政治、经济、文化上的全球化趋势同时并存且作为一种强大的制衡力量出现的是“区域化”的趋势。从政治、经济上看，欧共体，北美经济联合体，北约，亚洲、非洲和拉丁美洲的各种政治的或经济的联盟，都是维护各自区域的政治、经济利益的联合体。这种区域性的联合体是在各个主权国家的基础上形成和发展起来的，因而是制衡政治、经济全球化的一种现实的、重大的力量。正如亨廷顿所指出的，民族国家仍然是世界事务中的主要因素。从文化上看，人类在长期的历史发展中形成的不同的种族、传统、习俗、宗教、语言、哲学和价值观念也是制衡文化全球化的一种巨大的力量。亨廷顿认为，冷战以后，资本主义与共产主义在意识形态上的对立已经让位给区域化的、八大文明之间的冲突。这八大文明是：中华文明、日本文明、印度文明、伊斯兰文明、西方文明、东正教文明、拉美文明和非洲文明。他甚至这样写道：“我们只有在了解我们不是谁并常常只有在了解我们反对谁时，才了解我们是谁。”要言之，在当今世界上，政治、经济和文化上的区域化与

全球化一样，也是一个不争的事实，

这就告诉我们，在当前的生活世界中，全球化和区域化形成了一对矛盾：一方面，它们相互依赖、相互渗透；另一方面，它们又相互对立、相互制衡。在观念上，我们既不能撇开全球化来思考区域化，也不能撇开区域化来思考全球化；在行为方式上，我们既不能脱离区域化的现实去捕捉全球化的幻影，也不能脱离全球化的背景去营造区域化的堡垒。总之，只有正确地理解全球化与区域化之间的辩证关系，我们才会在现实生活中做出合理的选择。

中心与边缘

不知从什么时候起，“中心”和“边缘”这两个地域性的概念在哲学、文化讨论中变得时髦起来。在一般的情况下，“中心”指的是欧洲文化中心主义或西方文化中心主义，“边缘”指的是西方以外的文化，特别是东方的文化。我们发现，在当前的哲学、文化讨论中，这两个概念始终以僵硬的方式对峙着。人们撰写了大量的论著来批判西方文化中心主义，但遗憾的是，并没有从这种批判中引申出合理的、积极的结论。在这个领域里起作用的，与其说是冷静的理智，不如说是偏狭的情感。

众所周知，斯宾格勒早在20世纪初就对西方文化中心主义进行了激烈的批判。他曾在《西方的没落》一书中写道：“这种使各大文化都把我们当作全部世界事变的假定中心，绕着我们旋转的流行的西欧历史体系的最恰当的名称可以叫做历史的托勒密体系。”他试图取代这种体系，做出“历史领域中的哥白尼发现”。在他看来，印度文化、中国文化、巴比伦文化、埃及文化、阿拉伯文化、墨西哥文化等都具有与西方文化同样的重要性，没有任何理由把西方文化置于世界文化的中心，西方文化中心论不过是西方人自欺欺人的幻觉而已。后来，李约瑟在研究中国古代科技史时，有感于中国古代文化所取得的辉煌成就，也对西方文化中心主义作过剀切的批判。但这些批判都没有引起西方人的普遍的关注，直到萨义德的《东方主义》于1978年问世，局面才为之一变。西方学者仿佛在同一个时刻突然惊醒过来，开始大张旗鼓地批判西方文化中心主义，美国学者P. A. 柯亨甚至在80年代出版的《在中国发现历史：中国中心观在美国的兴起》一书中，试图用“中国中心观”来取代西方文化中心主义。为此，也着实使不少中国学者亦步亦趋，对西方话语霸权主义大加挞伐，并扬言“21世纪将是中国文化的世纪”。

然而，只要稍加分析就会发现，这里起作用的乃是两个极端天真的、幼稚的见解。第一个见解是：西方文化中心主义不过是一种观念，只要我们抛弃了这种观念，我们也就不再受它支配了。按照这种见解，人类历史仿佛是由纯粹的观念构成的，人们只要任意地接受或抛弃某一个观念，现实的历史也就发生了相应的变化。马克思早就嘲讽过这种天真的见解：“有一个好汉一天忽然想到，人们之所以溺死，是因为他们被关于重力的思想迷住了。如果他们从头脑中抛掉这个观念，比方说，宣称它是宗教迷信的观念，那么他们就会避免任何溺死的危险。”其实，西方文化中心主义不仅是一种观念，也是在经济、科学技术、政治、军事等方面表现出来的综合的、现实的力量。只要这种现实的力量还存在着，那么单纯观念上的批判并不能消除西方文化中心主义。

第二个见解是：提出东方文化中心论或中国文化中心论来对抗西方文化中心论。所谓“三十年河东，三十年河西”“21世纪是中国文化的世纪”等提法均是这一见解的具体表现。这一见解的天真之处正在于，把东方文化中心主义或中国文化中心主义看作可以任意加以制造的观念。其实，任何一种文化中心主义都不可能通过纯粹观念上的批判加以否定，也不可能通过纯粹观念上的倡导而得以确立。在汉唐时期，从来没有人谈“中心”，但当时的中国却是世界文化中心之一；今天，许多中国人都在谈“中心”，但世界文化的中心并不在中国。中国今后能否再度成为世界文化中心，完全取决于它在经济、科学技术、政治、军事等方面的综合力量。

综上所述，中心与边缘并不只是抽象的观念，而是对应于现实生活的。这二者并不僵硬地对峙着，而是处在辩证的互动关系中。在一定的历史时期，如果一种文化没有处在中心的位置上，那么它实际上就处在边缘状态中。人们即使在情感上讨厌边缘状态，在观念上成千次地抛弃这种状态，也不等同于他们在现实生活中已经脱离了这种状态。现实的状态是不能用单纯的观念去加以改变的。认识到这一点，我们也就从关于中心与边缘的无谓争执中走出来了。

普遍性与特殊性

在当前关于现代化理论的哲学反思中，学术界存在着两种对立的见解。一种见解认为，现代化就是西方化，非西方国家只有按照西方的模式进行现代化建设，才可望获得成功。人们通常把这种见解称为“全盘西化论”。而另一种见解则认为，在非西方地区和国家，存在着与西方现代化完全不同的道路，即所谓“完全拒斥西方现代化论”。从哲学上看，这两种见解涉及对普遍性与特殊性关系的理解。如果把现代化理解为一种普遍性的趋向，那么在不同的地区或国家，现代化的不同的道路或模式就以特殊性的方式表现出来。

按照上面提到的第一种见解，如果“现代化就是西方化”，那么现代化这种普遍性与西方化这种特殊性就直接等同起来了。这种等同导致的结果是：从一方面看，现代化这种普遍性失去了它的普适性，并被下降为西方化这种特殊性，这一下降实际上取消了普遍性本身；从另一方面看，西方化作为特殊性被提升为现代化这种普遍性，这一提升实际上取消了特殊性本身。由此可见，“全盘西化论”是站不住脚的。事实上，现在已经很少有人再坚持这种见解了。按照上面提到的第二种见解，如果非西方地区和国家“存在着与西方现代化完全不同的道路”，那就等于宣布，在西方现代化这种特殊的模式中，并不存在其他模式中也存在的任何共同的、普遍的东西。易言之，西方化这种特殊性与现代化这种普遍性完全无关，也即西方现代化的模式不能为任何其他地区或国家的现代化道路提供任何有益的启示。所谓特殊性之为特殊性，既与其他特殊性无涉，也与普遍性无涉。从哲学上来看，这是一种蛮横的思维方式。黑格尔在批判那类把特殊性与普遍性割裂开来并对立起来的学究时，曾经写道：“由于他厌恶或害怕特殊性，不知道特殊性也包含普遍性在内，他是不愿意理解或承认这普遍性的——在别的地方，我曾经把他比做一个患病的学究，医生劝他吃水果，于是有人把樱桃或杏子或葡萄放在他面前，但他由于抽象理智的学究气，却不伸手去拿，因为摆在他面前的，只有一个一个的樱桃、杏子或葡萄，而不是水果。”所以，“完全拒斥西方现代化论”走到了与“全盘西化论”相反的另一个极端上，即认为在西方现代化中根本不存在其他地区和国家可以借鉴的任何有普适性价值的东西。这就等于把特殊性完全放到普遍性外面去了；换言之，把二者的关系完全割裂开来并对立起来了。事实上，现代化作为普遍性应体现为如下的普适性因素：对世界市场经济的参与、贸易和货币的国际化、市民社会与契约关系的形成、对个体本位与自由意识的认同、法权人格和道德实践主体的确立、民主政体和法制的建设等等。这些普适性的因素既包含在西方现代化的特殊模式中，也必然包含在任何其他地区或国家现代化的模式中。

由此可见，无论是萨义德的东方主义理论，还是我们自己的，建基于偏狭的情感的基础之上的幻觉都不能帮助我们逃离普遍性。特殊之所以特殊，因为它包含着普遍性；而普遍之所以普遍，因为它无例外地贯穿于所有的特殊性之中。明白了普遍性与特殊性的辩证关系，许多无谓的争论也就自行消解了。

现象与本质

在当前的哲学、文化讨论中，“现象”与“本质”也是一对使用率极高的概念。人们随心所欲地运用它们描述或解释生活世界，但由于理解上的偏差，这类描述或解释常常陷入误区，从而引申出似是而非的结论来。

在对现象与本质关系的探索上，大致存在着三种不同的理解模式。第一种是独断论的理解模式。按照这种模式，事物完全是独立于人的意志而存在的。它们包含着现象与本质这两个方面：现象是事物在运动和变化中表现出来的各个片段，为我们的感觉器官所把握；本质则是事物内部比较稳定的、隐蔽的联系，必须通过正确的理性思维才能把握。当人们通过现象认识本质时，这里所说的本质也就是事物自身的本质。我们之所以把这种理解模式称为独断论的，是因为它从不反思人的思维与外部世界是否具有同构关系，但却武断地认定，人的思维能把握外部事物乃至整个外部世界的本质。第二种是批判的、现象学意义上的理解模式，这是在康德的批判哲学的基础上发展起来的。按照这种理解模式，现象也就是人感知外部世界的表象，本质并不是事物本身的本质，而是现象即表象的本质。也就是说，本质并不躲藏在现象的背后，它就在现象之中。这种理解模式使人不再以独断论的方式谈论事物本身的本质，而只谈论现象范围内的本质。第三种是出现在维特根斯坦后期哲学中的"反本质主义"的理解模式，它在当前的哲学、文化界遭到普遍的误解和误用。按照这种模式，在现象世界的范围内，我们能够看到各种各样的游戏方式，如棋类游戏、牌类游戏、球类游戏等，但这些游戏方式并不存在共同点或共同本质，存在着的只是某些相似性。维氏说："我想不出比'家族相似'更好的说法来表达这些相似性的特征；因为家庭成员之间各种各样的相似性，如身材、相貌、眼睛的颜色、步态、禀性，等等，也以同样的方式重叠和交叉。——我要说，'各种游戏'形成了家族。"平心而论，这种"反本质主义"的理解模式强调了同类现象在细节上的差异，从而在一定程度上遏制了人们如下的思维习惯：在同类现象中只注意共性，不注意差异——如只注意拿破仑和克劳塞维茨都是军事家（本质），但完全忽略了两人在生活中的其他方面存在的差异。

毋庸讳言，“反本质主义”的理解模式在使思想避免凝固化和僵化方面是有其积极意义的。但如果从这种理解模式中引申出这样的结论，即在现象世界中，可以存在无本质的现象，那就变得很荒谬了。众所周知，在任何语言中，一旦人们用某一概念去命名同一类对象，这一概念便成了这类对象的本质。如果不存在本质，这样的概念乃至整个语言系统都将失去其存在的理由。维氏试图用“家族相似”的概念来说明不同游戏之间的相似性，但只要一用这个概念去解释其他的现象，它马上也会被本质化，因为它显示出同类现象之间的共同点。甚至人们只要在两个不同的场合使用“反本质主义”的概念，这一概念也就不可避免地被本质化了。反本质主义自身本质化，这并不是危言耸听，而是生活世界和语言自身的辩证法使然。质言之，本质与现象是不可分离地联系在一起的。如果把这二者割裂开来，人们就无法对生活世界做出合理的说明。在现象与本质的关系上，需要的是一种双向式的思维：一方面，要从丰富的、杂多的现象出发去追寻本质；另一方面，又要善于从本质的抽象性出发，溯回到现象世界的丰富的杂多性中间去。在这方面，萨特的“前进—逆溯”的方法为我们提供了极其有益的启示。

综上所述，由于当前的哲学、文化探讨与辩证思维方式分离，各种肤浅的见解便到处蔓延。如果我们要从这种“黄钟毁弃，瓦釜雷鸣”的困境中摆脱出来，那就应该坚定不移地返回到生活世界的辩证法中去！

［原载《探索与争鸣》2000年第11期］

思想与文化

历史大错位中的文化价值重建

在当代中国文化的建设中，如何确定主导性的价值体系，乃是一个具有重大现实意义的理论问题。由于具体的历史背景和抽象的价值体系之间存在着某种互动的关系，因而任何一套现成的价值体系都无法适合当代中国社会的具体的历史背景。这就启示我们：一方面，只有深入地考察并把握当代中国社会历史背景的特殊性，才能准确地重建当代中国文化的主导性价值体系；另一方面，也只有准确地选择抽象的价值体系，深入地领悟其蕴含的合理性和普适性，才能引导当代中国文化健康地向前发展。

历史大错位中的困局

我们是在中西文化比较研究[1]的语境中提出“历史大错位”这

1 人们常常怀着抽象的、浪漫主义的情绪看待比较文化研究问题，仿佛他们完全可以不受约束地从不同的文化中抽取出相关的对象进行比较。其实，比较文化研究在冥冥中是受研究者的生存意向的指引的。为什么中国知识分子总是热衷于“东西比较”“中西比较”，即把比中国更先进的西方国家作为自己的比较对象，而不是把比自己更落后的非洲的索马里、亚洲的尼泊尔作为比较对象？因为比较文化研究的一个不言自明的前提是，追求更好的、更合理的文化生活方式。这就像民工的流动从来也不是什么“盲流”一样，他们总是十分自觉地从经济要素低的地方向经济要素高的地方流动。事实上，只有意识到比较文化研究是受研究者的生存意向引导的，这一研究才可能从自发上升为自觉。

个术语的。我们运用这个术语的主要动机是：阐明中国作为发展中国家与西方国家之间存在着巨大的历史差距。我们将通过中国现当代历史上的两个时段来论述，中国与西方国家之间存在着这种“历史大错位”的现象。

第一个时段：19世纪下半叶。当时，西方国家已先后走上资本主义发展的历史阶段，并开始在世界范围内争夺、扩大自己的殖民地。而当时处于晚清时期的中国社会，仍然坚守着东方专制主义的传统，并以天下独尊的傲慢和闭关自守的无奈苟延残喘。两次鸦片战争的失利在中国朝野引起了巨大的震动。从19世纪60年代起，逐步形成了以曾国藩、李鸿章、左宗棠、张之洞为代表的洋务派和洋务运动。魏源在《海国图志》中提出的“师夷长技以制夷”的口号先行地道出了整个洋务运动的秘密，即洋务运动试图完全不触动清政府的专制统治，通过发展实业（尤其是军事实业）的方式，拥有自己的先进技术（特别是军事技术），来遏制西方国家的入侵。然而，1894—1895年甲午海战的失败彻底终结了洋务派的迷梦。中国朝野知识分子痛定思痛，决定通过政治上的改良，学习西方国家的科学文化，走资本主义发展道路；但1898年戊戌变法的失败同样表明，政治改良的道路是走不通的。

不管如何，我们发现，洋务运动和戊戌变法客观上都推动了资本主义在中国的发展。然而，当这种客观趋势在晚清时期日益发展的同时，在西方，尤其是欧洲的主要国家中却出现了一股强大的空想社会主义和共产主义的思潮。这一思潮的主旨是披露现行的资本主义制度的种种弊端。于是，当时的中国知识分子陷入了歧路亡羊的困境：一方面，当中国人把资本主义作为一个伟大的理想来追求的时候，西方人却开始践踏、撕毁这个理想；另一方面，中国人学习的是西方国家，然而，侵略、蹂躏、掠夺中国，试图把中国变为殖民地的也正是这些国家。正如康德提到的人们因为自己的许多设想在现实生活中无法实现而产生“理性恨”（Misologie）一样，中国人则对西方国家既是老师又是侵略者的双重角色产生了一种理性与情感交织在一起的“憎恨”（hatred）。

20世纪初，一个决定性的事件把中国知识分子带出了这种矛盾惶遽的困境。这就是俄国十月革命的胜利。马克思批判地继承了空想社会主义和共产主义的传统，提出了科学社会主义和共产主义的学说，而这一学说通过以列宁为首的布尔什维克的努力，把当时资本主义发展相对落后的俄国成功地转变为世界上第一个社会主义国家。于是，中国的许多知识分子义无反顾地走上了追求社会主义和共产主义的道路。他们做出这样的选择，可以说是顺理成章的：一方面，资本主义的许多弊端已经被披露出来了，谁又愿意去追逐一个名声不佳的目标呢？另一方面，老师侵略学生所激起的普遍的憎恨，也自然而然地把中国的知识分子推向社会主义和共产主义的怀抱。

第二个时段：20世纪六七十年代。中国共产党于1921年成立后，经过28年的奋斗，终于赶走了西方资本主义国家在华的势力集团，解放了全中国，并开始实现社会主义和共产主义的理想。然而，当代中国知识分子是通过小资产阶级狂热性的哈哈镜去理解社会主义和共产主义的。如果说苏联于1938年宣布自己进入了共产主义社会，那么，中国则于1958年宣布了同样的事态。然而，随之而来的灾祸很快证明，我们对社会主义和共产主义的理解是多么幼稚和肤浅！1964年12月，在第三届全国人民代表大会第一次会议上，根据毛泽东的建议，周恩来首次提出了“四个现代化”（工业现代化、农业现代化、国防现代化和科学技术现代化）的口号，意识到了中国努力发展自己、走现代化道路的必要性和紧迫性。然而，正当我们确立起“四个现代化”的理想目标时，西方国家又涌现出一股强大的“后现代思潮”，这一思潮的主旨是对现代性和现代化进行全面的批判性的反思。这样一来，当代中国知识分子又一次陷入了歧路亡羊的困局：当我们下定决心去追求现代性和现代化的时候，西方国家却开始对现代性和现代化的主导性价值进行全面的批判，并试图把自己作为“后现代状态”而与“现代状态”尖锐地对立起来。

在某种意义上，中国知识分子就像一个青年男子正在竭力追求一个理想中的女孩，这个女孩却把自己身上的不足如数家珍地告诉了他。这个男子该怎么办呢？是停止对这个女孩的追求，还是继续追求，并容忍这个女孩身上的一切弊病？中国共产党于1978年12月举行的十一届三中全会毅然决然地结束了这种歧路亡羊的困局，把党的工作重心从“以阶级斗争为纲”转变为“以经济建设为中心”。从那个时候到今天，30多年来，中国社会已经发生了翻天覆地的变化。

尽管当代中国已经顺利地度过了上面提到的两个历史性的时段，正在一心一意地从事现代化的建设，但与其说我们在文化心态上已经完全超越了这两个时段，毋宁说我们还根本没有从这两个时段的“历史大错位”所蕴含的文化矛盾中摆脱出来。

文化价值选择上的迷茫

要搞清楚"文化价值"这个术语的含义，就先要弄明白"文化"概念的含义。众所周知，"文化"概念通常可以做以下两种不同的理解：一是广义的理解，即凡人考察过、加工过的一切都是文化。广义的文化包含以下四个层面：器物层面、制度层面、心理层面和价值层面。二是狭义的理解，即在社会生活中，除了政治领域、经济领域以外，余下的就是文化领域。狭义的文化主要指观念形态上的文化，如哲学观念、文学观念、史学观念、道德观念、艺术观念、宗教观念等，其核心部分则是价值观念。由此可见，不管人们是从广义上还是从狭义上理解"文化"概念，其核心部分总是价值问题。

那么，究竟什么是"价值"呢？我们知道，"价值"的初始含义来自经济领域。人们通常把商品满足于人的自然属性称作"使用价值"，把商品满足于人的社会属性称作"交换价值"。前者涉及人与物之间的自然关系，后者涉及人与人之间的社会关系。值得注意的是，人们总是习惯于从"使用价值"概念的含义上来看待价值，从而把价值理解并阐释为人与物之间的自然关系。其实，真正的价值是从"交换价值"概念的含义上引申出来的，它涉及的是人与人之间的社会关系。在这个意义上，我们所说的"文化价值"乃是指一个文化共同体在其发展的一定历史阶段，制约着人与人之间的社会关系的最普遍的行为规范。厘定上述基本概念的含义后，我们就有条件来探讨现当代中国人对文化价值的选择了。

如前所述，我们在叙述"历史大错位"中的第一个时段（19

世纪下半叶）时，实际上已经涉及那个时段所蕴含的不同的文化价值之间的冲突关系了。为了更明晰地探讨问题，我们不妨把资产阶级的文化价值体系理解为“民主主义”，把工人阶级的文化价值体系理解为“社会主义”。从历史上看，作为东方专制主义国家，传统中国社会乃是以血缘关系为基础的宗法等级制社会。也就是说，在现代中国社会中，资产阶级和民主主义都是很微弱的。众所周知，毛泽东把俄国十月革命后由工人阶级领导的中国资产阶级革命称为“新民主主义革命”，这一革命的主力军则是农民，而农民乃至极大部分现代中国人在很大程度上还深受传统文化的影响，民主主义的文化价值还远未在其思想中扎根。

然而，从1949年起，当代中国社会已经进入社会主义发展阶段。在这一阶段，一方面，当代中国社会要求确立社会主义文化价值体系；另一方面，商品经济在官僚政治的压迫下长期以来缺乏发展的动力。鉴于1840年第一次鸦片战争以来“救亡”对“启蒙”的挤压，以及1949年以来一系列政治运动中对集体的倡导和对个性的打压，现当代中国人甚至还普遍地缺乏对民主主义文化价值的认识和认同。因而，问题的尖锐性在于：当代中国人正在追求社会主义的文化价值，但在某种程度上，在某些人的身上，甚至还缺乏对民主主义文化价值的批判性认同。

事实上，早在《青年团的任务》（1920）一文中，列宁就已经告诉我们：“无产阶级文化并不是从天上掉下来的，也不是那些自命为无产阶级文化专家的人杜撰出来的。如果硬说是这样，那完全是一派胡言。无产阶级文化应当是人类在资本主义社会、地主社会和官僚社会压迫下创造出来的全部知识合乎规律的发展。”[1]

当前，中国人在文化价值上的迷茫，不但表现为对社会主义文化价值系统与民主主义文化价值系统之间的继承关系缺乏应有的认识，而且表现为对这两大文化价值系统的内涵和差异缺乏相应的认识。在有些场合，当代中国人以为自己正在坚持社会主义的文化价值观念，实际上他们坚持的仍然是民主主义的文化价值观念；而在另一些场合，他们以为自己正在批判民主主义的文化价值观念，实际上他们批判的却是社会主义的文化价值观念。

比如，“尊重人权”这一观念是从属于民主主义的文化价值体系的，而“解放全人类”这一观念则是从属于社会主义的文化价值体系的。显然，后一个观念是在前一个观念的基础上形成并发展起来的。如果一个人连什么是“人权”都不清楚，也没有相应的维权意识，却一味奢谈“解放全人类”，人们一定会觉得他很滑稽。

下面，我们再来探讨历史大错位中的第二个时段（20世纪六七十年代）中蕴含的文化价值冲突：一方面，深受前现代即传统文化观念影响的当代中国人正在竭尽全力地追求现代性和现代化；另一方面，西方国家又出现了一股强大的后现代思潮，对现代性和现代化的价值系统进行全面的批判。实际上，在当代中国社会中，存在着三种相互冲突的文化价值倾向：第一种是前现代性的价值体系（如集权化、等级化、身份化、男权中心主义等），第二种是现代性的价值体系（如整体化、一体化、中心化、必然性等），第三种是后现代性的价值体系（如个体化、多样化、边缘化、偶然性等）。为此，当代中国人也常常在文化价值取向的选择上陷入迷茫。这种迷茫常常通过当代中国人在意识层面和无意识层面的冲突而表现出来。由于中国是一个文化传统十分悠久的国家，因此前现代性的价值观念总是积淀在人们的无意识层面，并与意识层面的现代性价值和新接受的后现代性价值发生摩擦乃至冲撞。比如，朦胧派诗人顾城在意识的层面追求的是现代性价值（包括自由、平等和民主），他创作的许多诗篇都反映出他这方面的强烈愿望；但在无意识的层面，他仍然认同前现代性价值（包括男权中心主义），他杀死妻子谢烨的犯罪行为正是其意识层面和无意识层面激烈冲突和价值迷失的结果。

从上面的论述可以看出，当代中国人在文化价值上的迷茫主要体现在以下两个方面：一是对民主主义的文化价值体系和社会主义的文化价值体系各自的本质和相互之间的关系缺乏深刻的认识；二是对前现代性、现代性和后现代性文化价值取向各自的含义和相互之间的关系缺乏深刻的认识。而这两大关系又相互缠绕在一起，更增添了当代中国社会文化价值语境的复杂性。

价值体系重建中的立场和眼光

当代中国人究竟如何走出价值选择上的迷茫，从而重建适合于当代中国社会具体国情和发展前景的文化价值体系呢？

我们认为，要走出文化价值观上的这种迷茫状态，首先需要从中国的具体国情出发，确立自己的基本立场。应该看到，当代中国社会还刚从传统社会中脱胎出来。尽管后现代理论已经开始全面地检讨现代性价值体系和现代化过程中形成的种种负面因素，但正如儿童不能跳过青春期而直接成为中年人一样，当代中国社会也不能跨越现代性阶段而直接进入后现代社会。

历史和实践一再昭示我们，如果没有科学技术乃至全部社会生活的现代化，中华民族就有可能被开除“球籍”，遑论自立于世界民族之林。也就是说，对于当代中国人来说，其文化价值上的基本立场仍然是坚定不移地追求现代性和现代化。当然，坚持这一基本立场既不意味着我们对蕴含在现代性和现代化文化价值取向中的各种负面因素视而不见，也不意味着我们对前现代性和后现代性的文化价值取向中隐含的合理因素采取漠然视之的态度。相反，我们应该本着独立的、批判的态度，既要遏制现代性和现代化追求中各种负面因素的蔓延，又要努力从前现代性和后现代性的文化价值体系中汲取一切合理的因素，从而对现代性的价值取向和现代化的内涵进行必要的修正。我们不妨把这样的现代性称为“修正了的现代性”，把这样的现代化称为“修正了的现代化”，以示我们在现代性和现代化追求上与西方国家之间存在着思想和路径上的差异。

还需指出的是，作为地球村的居民，当代中国人不但要始终不渝地坚持追求现代性和现代化的基本立场，而且应该特别认真地对待并批判地研究各种后现代理论。尽管后现代理论批判和反思的是西方国家的过去，但它们探索和预示的却是发展中国家（包括中国）的未来。在这个意义上可以说，研究后现代理论也就是研究中国社会的未来。也就是说，我们不光要坚持追求现代性和现代化的基本立场，同时也要借取后现代理论的眼光。只有这样，才能高瞻远瞩，才不会在各种价值体系和价值取向的冲突中迷失方向。

作为发展中国家，历史发展中的巨大错位曾经使我们陷入政治生活上的困局和文化价值上的迷茫，但也为我们避免走西方国家走过的弯路提供了重要的启示。事实上，“有中国特色的社会主义理论”的形成和提出表明，我们已经从困局和迷茫中走出来了。对于我们来说，历史上的经验和教训无疑是最珍贵的精神财富。无论如何，当代中国人再也不能退回去“追恋埃及的肉锅”了，而应该坚定不移地沿着改革开放的道路向前迈进。这样，中国社会这艘“巨轮”一定会顺利地绕过波涛汹涌的“好望角”，抵达充满希望的彼岸世界。

［原载《探索与争鸣》2009年第11期］

参考文献

[1] 列宁选集（第4卷）. 北京：人民出版社，1995：285.

我们究竟需要怎样的人文精神*

在当代中国社会中，“人文精神”几乎可以说是一个妇孺皆知的概念。出现这样的局面，并不是偶然的。20世纪80年代，作为对“文化大革命”经验教训的总结，理论界掀起了“异化和人道主义”讨论的热潮，其主旨自然是弘扬人文精神。20世纪90年代再度兴起了人文精神探讨的热潮。在这个意义上，说当代中国社会存在着“人文精神热”，恐怕并不为过。

然而，就像任何一种“热”都会流于情绪化而缺乏理性思索一样，“人文精神热”也不能免俗。人们重视它，仿佛只是为了把它作为神像供奉起来，而不再把它作为理性审查的对象。事实上，人们满足于侈谈人文精神，却从未对它的文化历史语境和基本内涵做出明确的界定和认真的考察。这种界定的缺失导致了种种错误理解和阐释的泛滥，以至于在当代中国社会中，“人文精神”这一用语竟然蜕化为等级观念、迷信思想和宗派情绪的辩护词。问题是如此之严重，以至于到了必须严格地界定“人文精神”这一用语的文化历史语境和基本内涵的时候了。下面，我们将通过对中国人文精神的三种流行的畸变形式的分析，阐明我们

---

* 本文入选上海市社会科学界2010年学术年会优秀论文。

究竟需要怎样的人文精神。

古代中国人文精神的完美化

人们在谈论“人文精神”这个概念时，已经自觉地或不自觉地完成了两层剥离工作：第一层剥离工作是，把人文精神从一定的文化共同体中剥离出来，没有阐明究竟是在欧洲文化、美国文化、印度文化还是在中国文化或其他文化的背景中谈论人文精神；第二层剥离工作是，把人文精神从某个文化共同体发展的一定的历史阶段中剥离出来，没有阐明是在谈论哪个历史阶段的人文精神。毋庸讳言，这两层剥离使人文精神这个“能指”（signifier）像飘浮的杨花，丧失了确定的指称对象。

与这种空泛的谈论方式不同，我们一开始便试图严格地限定“人文精神”这个概念的文化历史语境。第一，我们是在中国，而不是其他文化共同体中来谈论人文精神的。第二，我们把从夏、商、周下迄1910年称为“古代中国”，把这一历史时期的人文精神称为“古代中国人文精神”；把从1911年辛亥革命下迄1976年“文革”结束称为“现代中国”，并把这一历史时期的人文精神称为“现代中国人文精神”；把从1977年迄今称为“当代中国”，并把这一历史时期的人文精神称为“当代中国人文精神”。

即使是在中国文化共同体内谈论人文精神，人们也常常把“人文精神”这个复合名词与“古代的”（ancient）、“现代的”（modern）和“当代的”（contemporary）这三个表达时代观念的形容词分离开来，而这一分离已经包含着对这三个不同历史发展阶段的中国人文精神内涵的差异的忽视。我们知道，在中国传统文化心理的无意识层面中，潜藏着根深蒂固的泥古、崇古意识和祖先崇拜意识。曾子曰："慎终，追远，民德归厚矣。"[1]而《礼记·礼运篇》对古代"大同"世界的描述也显露出同样的思想倾向。毋庸讳言，这种泥古、崇古的思想倾向很容易使当代中国人把古代中国的人文精神完美化甚至神化，从而忽略了它的历史局限性。这种脱离具体历史语境、把古代中国人文精神完美化甚至神化的做法，在现当代新儒家的论著中表现得尤为典型。

当代新儒家在谈论古代中国人文精神尤其是儒学创始人孔子的人文精神时，大多喜欢援引《论语·乡党》中的那个小故事："厩焚。子退朝，曰：'伤人乎？'不问马。"意思是：孔子家的马厩着火了，孔子退朝后听说此事，他不先问马是否受伤，却先问管理马厩的人是否受伤。如果把这个小故事从《论语》乃至孔子生活和思考的整个历史语境中剥离出来，那么它确实表明孔子十分尊重人的生命和价值，而尊重人的生命和价值难道不是人文精神的具体体现吗？

其实，明眼人一看就知道，这个小故事的局限性也是清清楚楚的。孔子只是在涉及人的生命与马的生命的比较时，才把人的生命置于马的生命之前。显然，在孔子生活的时代，这样的观点也是其他普通人都拥有的观点，并没有什么特异之处。何况，人们不应该只见树木，不见森林，而应该全面地考察一下孔子关于人的观念。

人们只要不满足于抽象地谈论人，就得承认，人是有性别差异的。那么，孔子究竟如何看待男性与女性之间的关系？在《论语·阳货》中，孔子指出："唯女子与小人为难养也，近之则不逊，远之则怨。"我们且把孔子这段话中的"小人"撇开，因为在他的语境中，"小人"作为"君子"的对立面，指男性中应该被蔑视的那部分人。这里提到"女子"的"难养"至少表明，在孔子的心目中，所有的女性都与男性中的"小人"一样，应该遭到蔑视和谴责。尽管某些新儒家试图通过对"女子"这个词的别出心裁的阐释而淡化孔子对女性的蔑视，但这样做就像闵希豪森男爵试图拉着自己的头发离开沼泽地一样可笑，因为孔子对女性的蔑视几乎贯穿于他的全部言谈中，即使是善于补天的女娲在这里也会无功而返。

我们再来考察，孔子如何看待不同男性之间的关系。当齐景公问政于孔子时，孔子对曰："君君，臣臣，父父，子子。"[2]在这里，孔子完全没有提到女性，从而印证了他上面所说的"女子""难养"绝不是偶然的口误，而表明，孔子思想的基础之一是那个历史时期盛行的男权中心主义。而在男性中，孔子又进一步区分出四个不同的等级，即君、臣、父、子。此外，孔子在《论语·阳货》中也说过，"唯上知与下愚不移"，不但把"上"与"下"作为不同的等级区分开来，而且强调，生活在社会下层的人是愚昧的，上层的人则是明智的。此外，孔子也批评季氏"八佾舞于庭，是可忍也，孰不可忍也"[3]，指责季氏欣赏"八佾"乃是对天子礼仪的僭越。凡此种种无不表明，孔子殚精竭虑地加以维护的正是他理想中的周代的等级主义的政治制度和思想观念。所谓"郁郁乎文哉，吾从周"[4]，正是这个意思。

这就深刻地启示我们，尽管以孔子为代表的中国古代人文精神包含着尊重人的生命和价值的合理因素，但我们不能不看到，这种人文精神是奠基于古代社会的等级观念和男权中心主义观念之上的。正如马克思所说："意识（das Bewuβtsein）在任何时候都只能是被意识到了的存在（das bewuβte Sein），而人们的存在就是他们的现实生活过程。"[5] 由此可见，绝不能脱离具体的历史语境，把孔子的人文精神乃至整个古代中国的人文精神拔高为一种完美无缺的人文精神，而必须清醒地意识到古代中国人文精神的历史局限性。

现代中国人文精神的神秘化

如果说古代中国人文精神是以君、臣、父、子的等级观念和男权中心主义观念为基础的，那么，现代中国人文精神在内涵上则发生了重要的变化。尽管在现代中国社会的实际生活中，古代社会遗留下来的等级观念和男权中心主义观念还存在着，甚至顽强地表现着自己，尽管古代中国人文精神中的某些合理因素，如有教无类、民贵君轻、对抗君恶、自强不息、先人后己等，也延续下来了，但在辛亥革命推翻了数千年来的帝制之后，现代中国社会在精神领域里接纳的主要是欧洲社会在文艺复兴、宗教改革、启蒙运动中形成并发展起来的主导性价值观念，即人权、个性、理性、科学、平等、自由、民主、博爱等。五四运动中提出的著名口号"德先生"（民主，democracy）和"赛先生"（科学，science）便是这些价值观念的集中体现。完全可以说，正是这些价值观念，尤其是对"民主"和"科学"的倡导，构成了现代中国人文精神的基本内涵。

然而，文化价值观念是无法按照冯友兰先生所倡导的“抽象的继承”方法加以传承的，因为这种方法假定，可以把文化价值观念从其由以产生的特定的社会历史条件中剥离出来，抽象地加以继承。事实上，这些价值观念与产生它们的社会历史条件是不可分割地联系在一起的。我们上面提到的这些主导性价值观念就是欧洲社会在一系列政治、思想和文化运动中形成并发展起来的。其中，人权是对神权的抗议，理性和科学是对宗教和迷信的抗议，平等和个性是对身份等级制度的抗议，自由、民主和博爱是对专制政体的抗议，等等。值得注意的是，当现代中国人把这些价值观念从欧洲人那里移植过来时，乍看起来，“抽象的继承”方法获得了前所未有的成功；但实际上发生的事情是，被继承过来的文化价值观念乃至整个人文精神都发生了畸变。新郎兴高采烈地迎娶了新娘，但新娘却不再是原来意义上的新娘了。换言之，“抽象的继承”方法注重的只是文化价值观念表面上的移植，完全忽略了这些观念在移植到现代中国社会中后内涵上的走样、变化，甚至是变质。

众所周知，在1949年前，现代中国社会面临的主要问题是救亡图存，因而与上述价值观念相应的思想文化运动，尤其是启蒙运动，被挤压到边缘性的位置上。由于与这些文化价值观念相应的思想文化运动的缺席，以这些价值观念为主导观念的现代中国人文精神的内涵不可避免地发生了畸变。畸变具有多种形式，但这里主要考察它的一种形式，即神秘化。假如说欧洲人在文艺复兴、宗教改革和启蒙运动中通过对宗教思想和迷信观念的批判建立了

“理性的法庭”，那么，在现代中国社会中，却缺乏类似的激烈的思想交锋，从而理性、科学和真理远未取得其权威性的地位。

其实，20世纪20年代发生的“科玄论战”已暗示我们，“科学”（science）与“玄学”（metaphysics）及宗教、迷信的斗争还是长期的。尽管人们的宗教信仰是受法律保护的，但同样被法律认可的无神论思想、科学精神在现代中国社会甚至是当代中国社会中仍然缺乏主导性的、积极的影响。近年来，不光国内信奉宗教的人数急剧攀升，相当一部分政府官员也热衷于在寺庙里烧头香、撞头钟、佩戴吉祥物或辟邪物，甚至不惜贪污巨款，为菩萨“塑金身”。整个社会风气越来越深地沉陷到烟雾缭绕的宗教氛围中，而在当时的欧洲社会中，这种宗教氛围正是宗教改革运动和启蒙运动冲击的对象。

至于民众的迷信思想，就更严重了。令人记忆犹新的是，在“文化大革命”中还发生过“早请示晚汇报”、跳忠字舞、个人崇拜、编语录本、写效忠信、鼓吹“一句顶一万句”等迷信现象。即使在当代中国社会中，还有相当一部分人的思想和行为处于迷信思想的操控之下。在日常闲谈中，人们热衷于谈论命运、面相、手相、鬼神和报应；沉湎于拜佛、算命、抽签、许愿和种种迷信活动。人们甚至把数字也划分为两个阵营：一方面，车牌号、门牌号、手机号、座机号最好都与“8”有关，甚至不惜用巨款买下一连串的“8”字。此外，几乎所有的喜庆活动都是在每个月的“8日”“18日”“28日”或其他“黄道吉日”进行的。另一方面，人们又像躲避瘟疫一样地躲避“4”“14”“24”这类数字，许多建筑物不设第4层、第14层，不少医院的注射室不设座位号“4”“14”，等等。在文化比较落后又缺医少药的农村，各种迷信现象更是死灰复燃，甚至出现了巫医、巫婆、算命先生横行不法的局面。尤其需要指出的是，人们的迷信思想在殡葬活动中得到了最充分的体现。死者在生前往往得不到积极治疗和临终关怀，但死后却能获得巨大的哀荣。家属不仅把死者厚葬，甚至替他配备了由工匠制作的精美的别墅、二奶、小秘、保姆、汽车、电视机、冥币等，以便让他在阴间过豪华的生活。

近年来，各种迷信思想更是打着健身养身、人文关怀和人文精神的旗号迷惑了不少人。比如，为什么张悟本能欺骗那么多的患者？为什么李一道长能迷惑那么多的信徒？除了某些媒体的记者和编辑缺乏科学常识，从正面大肆报道、美化这类迷信现象外，某些著名高校人文学科方面的教授和某些著名研究机构的研究员也对这些迷信现象的蔓延起了推波助澜的作用。更令人担忧的是，这些人还利用自己的特殊地位和身份，把这些完全违背理性和科学的迷信现象与观念阐释为人文精神的基本内涵之一。

现代中国人文精神的神秘化或迷信化从反面印证了这样一个颠扑不破的真理，即没有相应的实际生活中发生的思想启蒙运动结伴而行，抽象地移植或传承过来的文化价值观念乃至整个人文精神在内涵上必定会发生畸变。

当代中国人文精神的宗派化

当代中国人文精神既批判地继承了古代中国人文精神尤其是现代中国人文精神中的合理因素，又从当代西方社会中吸取了相应的文化价值观念。而在当代西方文化价值观念中，最值得注意的是后现代主义价值观念的影响。

20世纪70年代，当中国人从“文化大革命”所造成的空前浩劫中惊醒过来，打算搞“四个现代化”（工业、农业、国防和科学技术现代化）建设时，西方已经兴起了以现代化和现代性为批判对象的后现代主义价值观念。就其积极含义而言，后现代主义价值观念主张消除蕴含在现代人文精神中的总体化、一体化、标准化、中心化与征服化（对自然界）的倾向，倡导个体性、多元性、差异性、边缘性与和谐性；就其消极含义而言，后现代主义价值观念也助长了相对主义、虚无主义和宗派主义思想倾向的蔓延。无论是其积极方面，还是其消极方面，都对当代中国人文精神的形成和发展产生了不可低估的影响。

然而，如前所述，在现代中国社会中，1949年前，启蒙由于受到救亡的挤压而处于边缘状态；而在1949年以后到“文化大革命”结束这个历史阶段，由于阶级斗争和抽象的集体主义[1]的挤压，启蒙又被耽搁了下来。如果借用黑格尔的语言，可以这样说，在古代中国“原始伦理精神”解体的过程中，并没有形成现代欧洲意义上的市民社会和以独立人格为基础的“法权状态”。事实上，在古代中国人文精神中，非但找不到关于普通个人“权利”的任何言说，甚至连“权利”这个词都找不到。虽然现代中国人文精神从理论上认识到了独立人格、人权、个性及其自由观念的重要性，

1　所谓“抽象的集体主义”，是指把集体利益与个人利益割裂开来并对立起来的集体主义。其实，真正值得倡导的是始终把普通个人的权利、利益和民生问题首先纳入自己的视野的集体主义。

但由于既缺失产生这些价值观念的文化土壤（宗教改革运动和启蒙运动），又缺失维护这些观念的市民社会，所以现代中国社会普遍缺乏独立的个性。而这种情况一直延续到当代中国社会，对当代中国人文精神的形成和发展产生了严重的影响，也使当代中国人文精神失去了抵御西方后现代主义价值观念中的消极因素的力量。

下面，我们着重分析后现代主义价值观念中的宗派主义思想倾向对当代中国人文精神的侵蚀。众所周知，1996年，美国爆发了著名的“索卡尔事件”。纽约大学物理学家索卡尔向左翼思想和后现代主义理论的代表性刊物之一《社会文本》提交了一篇故意包含科学上的常识性错误但又迎合该刊的后现代主义思想倾向的论文，论文很快通过审查并被发表了。随后，索卡尔又在另一家刊物上披露了自己在《社会文本》上发表的毫无学术新见且充满常识性错误的“诈文”，以及自己做这一“实验”的动机。这整个过程经《纽约时报》头版报道后，在美国理论界掀起了轩然大波。

“索卡尔事件”暴露出来的一个重要问题是蕴含在后现代主义思潮中的强烈的宗派主义思想倾向。某些后现代主义理论家（其中包括那些已在理论界拥有重要地位的著名理论家），非但缺乏对当代科学知识的系统了解，甚至缺乏科学常识。更为严重的是，他们在理论界的所作所为，并不是以公正的、宽容的心态去追求真理，而是千方百计地结成学术上的宗派，殚精竭虑地去追求他们所从属的宗派在理论界的话语霸权。要言之，宗派利益成了他们从事理论活动的最高宗旨。更令人意想不到的是，这些充满宗派情绪的后现代主义者还肆无忌惮地把这种褊狭的宗派主义情绪输入中国理论界，从而严重地污染了当代中国社会的人文空气和人文精神。

众所周知，数月前，南京大学教授王彬彬披露，清华大学教授汪晖在其博士学位论文和其他著作中涉嫌抄袭。在这种情况下，理论界的一些有识之士出来呼吁，主张建立一个公正的调查组来调查此事。然而，令人遗憾的是，无论是汪晖本人，还是授予他博士学位的中国社会科学院和他目前的工作单位清华大学，均未以积极的态度出来回应此事。这种不合常理的沉默已使海内外理论界大跌眼镜，但更加离谱的事情还在后头：海外80多位“挺汪派”，包括汪晖著作的英译者在内，联合签名，写信给清华大学校长顾秉林和副校长谢维和，不但片面地断定汪晖著作不存在任何剽窃现象，而且强调汪晖在国际亚洲研究领域中的重要性，表示要声援正在受到媒体攻击的汪晖。显然，人们在这封措辞武断的信中能够读出来的，不是维护真理的公正的学术态度，而是以势压人、蛮不讲理的宗派情绪。

不久前，中山大学教授翟振明发现，在这批来自大洋彼岸的公开信签名者中，有三位大名鼎鼎的人物，他们都在14年前的“索卡尔事件”中被弄得声名狼藉。这三员大将的名字是：洛宾斯（Bruce Robbins）、罗斯（Andrew Ross）和詹明信（Frederic Jameson）。翟振明教授认为，在没有对汪晖涉嫌抄袭的问题进行认真调查之前就表示声援汪晖，同样是理论界的丑闻，而这个丑闻正是“索卡尔事件”的继续。翟振明教授还指出：“认定了这种境况之后，只要这些人达成在中国谁是‘自己人’的共识，认为保护其在中国学界的地位对于他们的意识形态阵地战具有重要性，他们就会挺身而出。至于其到底在‘事实’上是否抄袭了，按照他们的‘理论’，那并不需要通过调查研究去发现，而只需要站在‘正确’立场上去‘建构’，并能在声援信上找到有力量的托词就行了。”[6]尽管翟振明教授没有明言，但从“索卡尔事件”到联合签名信，贯穿其中的不正是某些后现代主义理论家的宗派主义思想倾向吗？

事实上，在这种宗派主义的思想倾向的推动下，汪晖涉嫌抄袭事件已经演化为一个严重的思想文化事件。人们关注的不再是事件的真相和实质，追问的不再是汪晖是否涉嫌抄袭，而是所谓“倒汪派”与“挺汪派”、“自由主义派”与“新左派”之间的派系之争。比这个事件本身更值得引起人们深长思之的是，在当代中国理论界，有相当一部分人不再关心事实、真相和真理，他们热衷的是宗派、小团体利益和文化霸权。我们痛心地发现，宗派主义思想倾向在多么严重地扭曲着当代中国的人文精神。

确立真正的人文精神

通过前面三部分的分析，我们展示了人文精神在现当代中国社会中的历史命运。如果说现当代中国人力图把古代中国人文精神加以美化，那么，他们同时又竭力把现当代中国人文精神加以魅化，即神秘化和宗派化。面对这样的局面，再抽象、孤立地侈谈“人文精神”这个概念，不但是不合时宜的，而且简直是不负责任的了。

与中国人文精神的上述三种畸变的形式不同，我们需要确立的是真正的人文精神。那么，真正的人文精神究竟是什么？我们知道，“应该确立的”东西与“实际存在的”东西之间总是存在着差距，德国社会学家马克斯·韦伯关于“理想型”（ideal type）的观点启示我们，真正的人文精神也就是理想型的人文精神。也就是说，只有站在理想型的中国人文精神的高度上才能发现，在现实生活中，人们对人文精神的理解和阐释究竟存在着什么问题。在我看来，为了避免前面提到的人文精神可能发生的各种畸变，真正的或理想型的中国人文精神必须蕴含以下三个方面的要素。

第一个方面的要素是平等（equality）观念。这种观念不仅包含着男性之间的平等、女性之间的平等，也包含着男性与女性之间的平等。这个要素的重要性在于，它从根本上把现当代中国人文精神与古代中国人文精神区别开来了。现当代中国社会中的某些学者，为了美化古代中国人文精神，故意撇开这一精神所蕴含的思想基础——等级观念与男权中心主义观念。这就等于把古代中国人文精神现当代化了，从而掩蔽了古代中国人文精神的历史局限性。肯定理想型的中国人文精神中蕴含着平等要素，表明我们的宗旨不是回到古代中国人文精神那里去，而是要超越这种精神，进入现当代中国人文精神的视域中。

第二个方面的要素是理性（reason）、科学（science）和真理（truth）等观念。如前所述，现当代中国社会没有经历过欧洲社会经历过的文艺复兴、宗教改革和启蒙运动，根深蒂固地积淀在中国老百姓心理层面上的宗教观念和迷信思想从未得到过系统的批判和彻底的清算，因而理性、科学与真理的权威地位从未真正地被确立起来。不少人面对疾病和人生道路上的挫折时，首先求助的不是理性和科学（包括医学），而是巫术、迷信或所谓“神医”；

不少人在改革开放中富裕起来时，首先感谢的不是科学和真理，而是菩萨或神灵。现当代中国社会的奇观是：一方面是科学技术的迅猛发展，另一方面却是宗教、迷信的空前泛滥。显然，在当代中国人文精神中，如果理性、科学和真理被边缘化，甚至完全缺位的话，这种精神很容易变质为宗教、迷信的附庸。

有人也许会批评我把“科学”作为人文精神的要素，因为人们习惯于把“科学”与“人文”分离开来，并在这种分离的基础上探讨二者之间的关系。其实，这种习惯性的思维方式就像先杀害了某人，再把他的尸块拼接起来、再现他的生命一样可笑。马克思早已深刻地指出：“自然科学往后将包括关于人的科学，正像关于人的科学包括自然科学一样：这将是一门科学。”[7]在当代中国社会中，各种迷信思想之所以如此猖狂，一个重要的原因是，人们从未把“科学”理解为人文精神的不可或缺的要素。事实上，五四运动中提出的口号“德先生”和“赛先生”至今没有丧失其实质性的意义。当代中国人文精神之所以一而再再而三地淹没在宗教、迷信的大潮中，是因为理性、科学和真理的权威地位从未真正地、持久地被确立起来。

第三个方面的要素是人格（personality）、个性（individuality）和公正（justice as fairness）等观念。这些观念的重要性在于，它们从根本上把当代中国人文精神与现代中国人文精神区别开来了。如前所述，在现代中国社会中，1949年前是救亡挤压启蒙，1949年后是阶级斗争、抽象的集体主义挤压启蒙。显然，启蒙的边缘化必定会导致法权人格、独立个性和社会公正的缺失，而这些观念的缺失又使蕴含在西方后现代主义思潮中的宗派主义思想倾向乘隙而入，导致了当代中国人文精神的宗派化。

由此可见，只有把人格、个性和公正置于基础性观念的位置上，当代中国人文精神才能扬弃古代、现代中国人文精神的历史局限性，抵御西方后现代主义的宗派主义倾向的侵蚀，向真正的或理想型的中国人文精神逼近。

［原载《探索与争鸣》2011年第1期］

参考文献

[1] 论语·学而.
[2] 论语·颜渊.
[3][4] 论语·八佾.
[5] 马克思恩格斯选集（第1卷）. 北京：人民出版社，1995：72.
[6] 翟振明. 汪晖疑似抄袭案与“索卡尔诈文事件”. 南方周末，2010. 8. 12.
[7] 马克思恩格斯全集（第42卷）. 北京：人民出版社，1979：128.

对“文化自觉”的元批判：我们该在何种意义上使用文化

众所周知，“文化自觉”是已故社会学家费孝通先生提出的一个重要的观念。按照这一观念，人们不应该满足于以自发的方式处于一种文化（如中国文化）中，而应该自觉地对它进行反思，以甄别并抛弃它的消极方面，维护并彰显它的积极方面。需要说明的是，尽管笔者在这里也使用了“文化自觉”的观念，但却赋予它以完全不同的含义。如果说费孝通先生的反思是以某一种文化为对象的，那么，笔者在这里的反思则是以文化自身为对象的。在笔者看来，更高意义上的文化自觉具有“元批判”（meta-criticism）的含义，它要求我们自觉地反思并清醒地意识到文化自身的有限性及其适用范围，拒绝对“文化”概念进行无界限的滥用。

问题的提出

众所周知，中国传统社会是以血缘关系为纽带、以地域性的农村家族为基础的宗法等级制社会。这一社会既是自耕农和小生产者的汪洋大海，也是现代意义上的小资产阶级狂热性的发轫之地。自1949年新中国成立以来，我们既经历过“全民大炼钢铁”“全民消灭四害”“全民驱赶麻雀”及“文化大革命”中“全民搞阶级斗争”的宏大场面，也经历过改革开放以来“全民经商”“全民炒股”和“全民炒房产”的荒诞喜剧。今天，或许是命运的安排，我们又处于“全民谈文化”的狂热之中。

在当代中国社会的语境中，“文化”这个概念的外延就像吹胀了的气球，不断地膨胀着，不但吞没了社会、经济、政治、法律等领域，也吞没了历史、艺术、道德、宗教等领域。就像罗马统帅恺撒所说：“我来，我看见，我征服。”转瞬之际，一切领域都成了文化的殖民地。与此相应的是，不知从什么时候起，老百姓也开始热衷于以文化说事，甚至把风马牛不相及的事情全都扯到文化上去——似乎只要使某个问题归属于文化，这个问题也就迎刃而解了。于是，我们惊异地发现，无论是在大众传媒上，还是在理论刊物上，无人无时无处不在谈论文化，文化仿佛成了拯救世界的弥赛亚。然而，正如驴叫声不能改变世界一样，即使是全民都在谈论文化，也绝不能使我们从目前面对着的任何一个棘手的现实问题——中国与日本的钓鱼岛之争、中国与菲律宾的黄岩岛之争、中国政治体制的改革及对经济腐败的有效遏制、对生态环境的有效保护等——中脱身出来。事实上，侈谈文化非但对解决这些问题无益，而且在相当程度上遮蔽了人们对这些紧迫问题的关注。

这样一来，不难发现，我们确实已经逼近这样一个重要的历史时刻，即全面地认识并反省“文化”概念自身局限性的时刻。也就是说，我们再也不能无批判地、漫无边际地以文化说事了，而应该清醒地意识到这个概念的适用范围，并合理地运用它。

对两次“思想循环”的回顾

要认清“文化”概念自身的局限性，最好的办法莫过于回顾中国近现代史上曾经发生过的两次“思想循环”了。毋庸置疑，如果人们回溯19世纪下半叶以来的中国历史，就很容易发现，中国人的思想在演化的过程中出现了两次类似的循环。有趣的是，每一次循环都蕴含着前后相继的三个不同的发展阶段，而两次循环中对应的阶段都具有某种相似性。

第一次思想循环始于19世纪下半叶。人所共知，以李鸿章等人为代表的洋务派深受魏源“师夷长技以制夷”的思想路线的影响，强调中国若要有效地抵御外国侵略者、自立于世界民族之林，就必须认真地学习并拥有西方先进的科学技术，以便用这些科学技术来制衡其他国家。当时的洋务派在朝野具有相当大的影响，其思想理路听起来也是合理的。然而，1894年甲午海战的失败宣告了洋务运动及其相应的思想观念的破产。历史和事实都启示我们，最先进的科学技术也无法在腐败的晚清政府及其军队系统中发挥有效的作用。痛定思痛，当时先进的知识分子认识到，单靠科学技术并不能拯救中国，只有政治上的变法维新才是真正的出路。1898年，在光绪皇帝的支持下，以康有为、梁启超、谭嗣同等人为代表的维新派“公车上书”，试图对晚清政府的政治体制进行改良。然而，由于袁世凯的出卖，“百日维新”及其相应的改良举措又宣告流产。当时许多有识之士认为，腐败的晚清政府与愚昧落后的民众是互为因果的。也就是说，有什么样的民众，就会有什么样的政府；反之，有什么样的政府，也会有什么样的民众。

走出这一困局的办法，就是把启发民智放到优先的位置上。于是，在1911年爆发的辛亥革命的推动下，以陈独秀、胡适、鲁迅等人为代表的知识分子又掀起了著名的新文化运动，以唤醒中国人的国民意识，即民主意识和科学意识。也就是说，第一次思想循环的最后阶段折到文化中去了。乍看起来，这种现象似乎印证了文化的重要性，因为它似乎成了思想运动的最后归宿。但实际上，它恰恰表明了文化自身的边缘性。如果维新变法是顺利的，谁又会去谈论不着边际的、软绵绵的“文化”概念呢？所谓“启发民智”云云，不过是在无奈的状态中，思想为了藏匿到文化这个避难所中去为自己找到的托词罢了。

请看看毛泽东是如何谈论中国新民主主义革命胜利的原因的。难道他告诉过我们，中国新民主主义革命的胜利是新文化运动的结果吗？尽管毛泽东并不会否认新文化运动在背景中发生的潜移默化的作用，即它在一定程度上影响并改变了人们原来的观念，从而为革命意识的形成和发展做了铺垫，然而，正如毛泽东明确告诉我们的，新民主主义革命取得胜利的直接原因是中国共产党的领导、武装斗争和统一战线，这也就是他称之为“三大法宝”的根本取胜之道。在这三大法宝中，根本就不可能出现“文化”这个轻飘飘的字眼。事实上，单凭自发的新文化运动，根本不可能赢得新民主主义革命的胜利。退一万步说，即使是在中国共产党领导下的自觉的文化运动，也不可能使蒋介石的800万军队自动放下武器。对于军事问题来说，“文化”永远是一个苍白无力的字眼。

第二次思想循环始于20世纪70年代初，即“文革”中期。周恩来总理受毛泽东的委托，提出了“四个现代化”（工业、农业、国防和科学技术现代化）的奋斗目标，并强调在“四个现代化”中起决定性作用的是“科学技术现代化”。与19世纪下半叶的洋务运动相比，尽管历史背景已经发生了重大的变化，但在“科学技术决定一切”这一基本见解上，周恩来的观点与洋务派所倡导的观点并没有实质性的区别。然而，在追求“四个现代化”的过程中，中国人渐渐意识到，尽管科学技术的发展对于现代化来说是必不可少的，但如果没有经济体制特别是政治体制上的大刀阔斧的改革，科学技术乃至整个生产力根本无法从传统体制的束缚中解放出来。于是，从1978年开始，当中国共产党的工作重心从“以阶级斗争为纲”转变为“以经济建设为中心”后，人们在现代化建设中的注意力普遍地从单纯科学技术的发展转向对政治体制改革的关注。正如我们在前面已经提到的，尽管晚清维新派的改良是在完全不同的历史条件下进行的，但“改良”和“改革”在英语中对应的都是同一个词：reform。这至少表明，在政治体制改良或改革的含义上，这两个不同的历史阶段之间仍然存在着某种相似之处。中国人的思想又开始寻找新的出路。现在，这条新的出路变得越来越清晰了，那就是一场新的全民谈文化的运动。于是，文化运动又成了第二次思想循环的最后归宿。思想又一次陷入文化运动的表面理由是，在现代化建设中，最根本的因素是人的素质的现代化。试问：为什么一座座城市雕塑会被破坏？为什么一批批优秀历史建筑会被拆毁？为什么电缆线会被偷盗？为什么经济上的贪污犯罪会层出不穷？如果人的素质还没有现代化，光靠政治体制改革又有什么用？于是，就像维新失败后转向新文化运动一样，现代中国的知识分子又顺理成章地求助于文化，这就是我们目前正置身于其中的全民谈文化的格局。其实，与第一次思想循环一样，这次也不应该被理解为思想向纵深的健康发展；恰恰相反，它比以往更清楚地显露出思想的退化和无奈。乍看起来，思想冲入了一个广阔无边的文化领域，似乎占有了一个更广阔的领域。但它的代价却是使自己转化为泡沫，从而变得无足轻重了，因为它不得不舍弃政治体制改革这个现代化追求中的核心问题。

总之，这两次类似的思想循环启示我们，近现代中国人的思想始终跳不出“科学技术→政治体制改革→文化运动”这样的循环套路。人们必须清醒地意识到，政治体制改革→文化运动绝不是思想的上升运动，绝不是思想活力的显现，而是思想的坠落运动，是思想陷于无奈和衰弱的标志。事实上，全民谈文化非但不能解决我们面临着的诸多政治、经济、社会、生态、军事和外交上的问题，反而会把这些紧迫的问题严严实实地遮蔽起来，使我们丧失居安思危的警惕性。

困境中的出路

按照目前全民谈文化的格局，如果把政治问题转变为“政治文化”，把经济问题转变为“经济文化”，把社会问题转变为“社会文化”，把生态问题转变为“生态文化”，把军事问题转变为“军事文化”，把外交问题转变为“外交文化”，就能解决现实生活中面对的实际问题吗？显然不能。请读一读欧洲启蒙思想家们的著作，从伏尔泰的《哲学通信》、孔迪亚克的《人类知识起源论》到洛克的《政府论》；从孟德斯鸠的《论法的精神》到卢梭的《论人类不平等的起源和基础》和《社会契约论》；从拉美特利的《人是机器》、狄德罗主编的《百科全书》到爱尔维修的《论精神》；从霍尔巴赫的《神圣的瘟疫》、梅叶的《遗书》、马布利的《论公民的权利和义务》到摩莱里的《自然法典》，又有哪位作者是以软绵绵的、边界模糊的“文化”概念来说事的？这种滥用“文化”概念的格局再也不能继续下去了。

在这一点上，或许我们应该向新民主主义时期的毛泽东看齐。人所共知，在1940年出版的《新民主主义论》中，毛泽东区分了“政治”“经济”“文化”这三个不同的概念。也就是说，当时毛泽东谈论的“文化”概念是狭义的，是不包含政治和经济在内的。事实上，正是这种对“文化”概念界限的自觉反思和认定，使毛泽东能够清醒地看到当时政治、经济领域中存在的重大的、紧迫的问题，并逐一加以解决。然而，当“文化大革命”试图把所有其他领域的问题如政治、经济、社会等问题统统放在文化的框架里加以解决时，最后导致的结果却是国民经济濒临崩溃。

惨痛的历史教训一再启示我们，不适当地夸大“文化”概念起作用的范围是危险的。应当让“文化”概念退回到它实际上适合的范围之内。我们并不反对使用“文化”概念，但我们反对不受限制地滥用这个概念。事实上，滥用“文化”概念非但不能使我们走出政治、经济和社会生活中面临的困局，反而会使我们丧失及时处置这些困局的宝贵时机。试问，在新民主主义革命时期，光凭新文化运动能消灭蒋介石的数百万军队吗？在社会主义建设时期，光凭全民谈文化能解决经济领域中的贪污腐败问题或外交领域中的钓鱼岛问题吗？无数事实告诉我们，光凭“文化”这个不确定的、软绵绵的概念，什么问题也解决不了。

通过上面的考察，我们尝试对“文化自觉”的观念做出新的阐释：第一，我们应该清醒地意识到，文化始终是在社会生活背景中起作用的因素。就其重要性来说，文化之于人，犹如水之于鱼、空气之于生物，确实是不可或缺的。但同时我们也必须把握下面这一点，即文化不过是背景性的因素，不值得对它的地位和作用加以无限夸大。正如人们在谈论中国社会的深度改革时，没有必要把谈论者必须呼吸空气作为一个要素纳入讨论一样，同样也没有必要把文化作为“救世主”纳入讨论。第二，我们应该明白，文化起作用的方式始终是间接的、潜移默化的。把它理解并阐释为当下就能直接起作用的因素是错误的，是违背文化的本性的。事实上，这种理解和阐释方式也不符合文化自身发展的客观规律。第三，我们应该严肃地拒绝对“文化”概念的滥用，自觉地把对文化的理解限定在狭义“文化”概念的范围内，即把文化理解为观念形态的东西，而其核心则是价值观念。正如《圣经》启示我们的，应该把上帝的归给上帝，把恺撒的归给恺撒。我们切不可用“文化”概念去包揽一切，而应该把政治的归给政治，把经济的归给经济，把社会的归给社会，把生态的归给生态，把军事的归给军事，把外交的归给外交。

总之，应该自觉地使“文化”概念退回到它实际适用的范围内去，并清醒地意识到，让文化包揽一切，包打天下，非但不可能创造任何奇迹，反而有可能把我们已经创造的奇迹毁掉。正如古人告诫我们的，亡羊补牢，为时未晚。我们应该牢牢地记住“文化大革命”的教训。

把思想从文化的殖民中解放出来！

[原载《探索与争鸣》2013年第1期，文章原标题为《我们该在何种意义上使用文化——对“文化自觉”的元批判》]

形式主义批判：对当代中国文化病症的反思之一

乍看起来，形式主义话题与当代中国人似乎是沾不上边的，因为中国人是讲究人伦日用的，是务实的。中国人爱说的谚语“无事不登三宝殿”，更是入木三分地刻画出他们的务实心态——即使在给佛祖进香时，他们也总是有为而去。李泽厚先生把这种务实的心态称为“实用理性”，并认为这种“实用理性”在中国知识分子的身上演绎得尤为出色。在《中国现代思想史论》中，他这样写道：“中国知识分子在近代如此顺利和迅速地接受进化论观念，一举扔弃历史循环论的传统思想，以及后来接受马克思主义的阶级斗争学说，一举扔弃‘和为贵’的传统思想，都证明中国实用理性这种为维护民族生存而适应环境、吸取外物的开放特征。实用理性是中国民族维护自己生存的一种精神和方法。”[1]评价之高，语气之坚定，是闲杂人很难置喙的。诚然，我们也承认，务实是中国人基本的心理特征和行为特征之一，但这并不妨碍我们去考察在中国人身上时时表现出来的、与务实的特征相冲突的另一种特征——形式和形式主义崇拜。

首先，中国人的形式和形式主义崇拜表现在其信奉的繁文缛礼上。在这方面，也许我们只要提一下孔子所说的：“父在，观其志；

父没，观其行，三年无改于父之道，可谓孝矣。”[2]光是父亲去世后儿子守孝3年这一条就已经把孝化为形式主义的东西了，当然更不用说中国人在婚丧礼仪上是如何讲排场、讲气派、讲老祖宗的成法了。

其次，这种崇拜也集中表现在知识分子“八股式”的行文风格上。毛泽东在《反对党八股》一文中就对这种形式主义风格进行了透彻的批判。他列举了“党八股”的八大罪状，分析了它的历史流变的情况；并强调指出，在五四运动中，一班新人物出来反对文言文和“旧八股”，提倡白话文，提倡科学和民主，这些都是对的，但在这个过程中却产生了“洋八股”“洋教条”。“那时的许多领导人物，还没有马克思主义的批判精神，他们使用的方法，一般地还是资产阶级的方法，即形式主义的方法。……他们对于现状，对于历史，对于外国事物，没有历史唯物主义的批判精神，所谓坏就是绝对的坏，一切皆坏；所谓好就是绝对的好，一切皆好。这种形式主义地看问题的方法，就影响了后来这个运动的发展。……如果我们今天不反对新八股和新教条主义，则中国人民的思想又将受另一个形式主义的束缚。”[3]不幸的是，毛泽东当时反对的“新八股”和“新教条主义”不但没有绝迹，从20世纪50年代后期起反而越演越烈，在“文革”中达到了顶点。

再次，这种崇拜还表现在新中国成立以后官僚主义、文牍主义、会议主义的泛滥上。早在20世纪50年代初，毛泽东就已经对农村工作中存在的所谓“五多”现象提出了尖锐的批评：“‘五多’就是任务多，会议集训多，公文报告表册多，组织多，积极分子兼职多。这些问题，很久就存在了，中央曾对其中有些问题有过指示，要求各级党委予以重视和解决，但是不但没有解决，反而越来越严重。”[4]以后，毛泽东虽然就纠正官僚主义和形式主义的问题不断发表谈话，但由于他主要是从干部的世界观改造的角度，而不是从制度改革的角度去思考并解决这个问题，所以没有遏制官僚主义和形式主义的不断蔓延。总之，形式化、表面化越来越经常地出现在我们的生活中，致使下情无法上达，而上情也无法下达，上下之间的沟通变得越来越困难，而基层单位存在的实质性问题则长期得不到解决。

从上面的论述可以看出，中国人是务实的，但在形式和形式主义崇拜方面也有悠久的历史。如果说计划经济和官僚主义的滋长为形式主义的发展提供了重要的动力，那么，中国模式的市场经济的发展则进一步加剧了形式主义的泛滥。当前，中国模式的市场经济是在行政权力高度参与下的市场经济，所以官僚主义的影响并没有被消除。此外，这种经济也是一种自上而下的、突然赐予式的市场经济，所以整个社会生活，乃至人们的精神状态，都还不能适应这样的经济模式，从而形成了形式与内容之间的重大的错位。何况，与其他经济模式比较起来，市场经济更注重的是形式、外观和包装。所有这一切都为形式主义的蔓延提供了重要的助力，而长期以来人们对形式主义存在的严重性估计不足则进一步印证了这个话题的紧迫性。在当代中国社会中，形式主义主要是通过以下几种不同的方式表现出来的。

形式与内容的颠倒

众所周知，任何事物、任何社会活动都可以从内容与形式的关系上加以考察。当形式与内容协调一致时，内容的活力就会得到自由的、充分的展示。反之，当形式与内容处于极度不协调的状态时，内容就会显得很拘谨，甚至被形式所毁。

第一，这种颠倒在社会活动中表现为划一的“大呼隆”形式，如“全民经商”“全民炒股”“传销热”“房地产热”“出国热”“高校合并热”等。很多活动，一搞起来，总是采用“一窝蜂”的形式。这是形式主义的典型表现，就像过去的“大炼钢铁”“文化大革命”一样，表面上轰轰烈烈，骨子里却乱成一团。人们通常把这些“一窝蜂”的方式称为“群众运动”，其实这种说法是颠倒的，准确的说法应当是“运动群众”。似乎每个人都成了德国哲学家雅斯贝尔斯笔下的“群众人”（mass-man）。[5] 这种“群众人”的生存方式就是集体的生存方式，他一离开群众运动，就会像鱼离开水一样，连呼吸都困难起来。这种情景不禁使我们联想起丹麦神学家克尔凯郭尔撰写的、关于古代犬儒派哲学家第欧根尼的一则有趣的寓言：“马其顿国王菲力浦威胁将围困科林斯城，于是该城所有的居民都迅速地行动起来，忙于本城的防卫。有的擦拭武器，有的搜集石块，有的修补城墙。第欧根尼看到这一切，赶忙把斗篷裹在身上，并开始沿着城中的街道起劲地来回滚动他的木桶，免得成为如此多勤勉市民之中唯一游手好闲的人。”[6] 可笑的是，第欧根尼把单纯的形式理解为内容本身；这样一来，实际内容也就荡然无存了。

第二，这种颠倒也表现在当代人对个人的评价上。众所周知，当代人在评价任何个人时，都表现出一种奇特的倾向：一方面，他们对个人的“形式化存在”尽其崇拜之能事；另一方面，他们对他的“内容化存在”又采取了无所谓的态度。这里所谓的“形式化存在”是指他的外表、他的学历、他过去获得的种种奖励、他的头衔等;“内容化存在”则指他实际上拥有的才华和能力。当代人在评价一个人时是如此看重他的外观和形式，以至于他们完全忽略了内容与形式之间可能存在的差异，忘记了诸如“以貌取人，失之子羽”“金玉其外，败絮其中”等古训，仿佛人的整个存在就在他的外表上。

与当代人的这种形式主义思维方式相一致的是我们称之为“形式化的行业”的兴起。企业形象设计、个人形象设计、服装设计、美容院以及整形外科等，像雨后春笋般地发展起来。甚至天生丽质也被作为最重要的市场资源加以开发。于是，报纸杂志、电视广告等全都被美女的玉照覆盖。作为评价者，当代人的全部存在都变成了视觉存在。与此相应的是，作为评价对象的个人，其内涵也已消失得无影无踪，他的全部存在都集中到他的外表上。他就是他的外表，而他的外表就是他。

同样地，正是由于这种形式主义的独裁，钱钟书笔下的方鸿渐才不得不去买假文凭。而钱老先生又何曾料到，在今天，制作和出售假文凭已屡禁不绝。这种狂热的形式崇拜很容易使我们联想起俄国作家克雷洛夫写下的一则脍炙人口的寓言故事：一个农夫在田里发现了一枚沾满泥土的金币。金币外表颜色的暗淡使农夫感到不快，他花了许多力气，终于把金币磨光了。于是，金币发出了耀眼的光芒，但这个愚蠢的农夫却忘记了一件最重要的事，即金币已经失去了它应有的重量和价值。

第三，这种颠倒也表现在当代人对种种事物的评价上。随着装潢、广告、包装、产品形象设计等新兴行业的崛起和发展，越来越多的事物失去了它应有的内涵，变成了纯粹形式上的存在物。一些商品虽然其内在质量很好，但由于包装上的落后，很快就被挤出了市场；而另一些商品，尽管质量上很差，却以漂亮的包装打下了自己的江山。形式主义崇拜到了极致，则为不法商贩们匪夷所思的创造力敞开了大门——烂黄鱼被涂上了黄色的颜料，白芝麻被墨汁染成了黑芝麻，甲鱼和西瓜被针筒注满了水，小虾仁被浸泡成大虾仁。总之，传统意义上的美学已经逐渐被消解，代之而起的则是装潢术、化妆术和“矫情”术。一个化妆得很漂亮的女孩，只要一开口、一行动、一出汗就会毁坏自己的形象，所以她不得不像维纳斯的雕像一样保持沉默和静止。但我们心里很明白，她的沉默不是源于她的谦虚或腼腆，而是源于她的无奈。

第四，这种颠倒也表现在当代人受教育的过程中。完全可以说，在教育领域里，形式主义的泛滥比任何其他领域要来得更为严重。之所以出现这样的局面，一方面是因为应试教育在中国社会有悠久的传统，这一传统或许可以追溯到科举制度的肇始时期——隋唐。毫无疑问，应试教育是形式主义得以滋长的温床，因为它注重的只是问题的形式，即学生如何通过考试，教师如何提高猜题的命中率，学校如何提高自己的升学率。至于学生在受教育的过程中创新意识能否被激发，综合素质能否被提高，似乎都是无足轻重的问题。另一方面，自改革开放以来，西方教育采用的考试方式，如TOFEL、GRE的考试方式——对A、B、C、D等答案的选择——几乎成了一种固定不变的形式，对我国的教育产生了极为严重的影响。这种高度形式化的考试方式迅速地蔓延到各门课程的考试中；与此同时，在财神的召唤下，社会上出现了一大批辅导考试的专业户，出版社印行了大量的考试辅导资料。于是，全部教育事业都被还原为各种各样的考试，而几乎所有的考试都在高度形式化的程序前匍匐喘息。学生们像登山队员一样背着沉重的书包，他们的全部生活就是应付考试。与其说他们是在学习知识和技能，不如说他们是在学习考试。他们或许懂得几十种修辞手法，但连一篇通顺的短文都写不出来；他们或许背出了许多冷僻的英语单词，但对简单的英语日常会话却感到力不从心；他们或许在数学考试中获得了高分，但却拙于统筹安排自己的日常生活。一旦考试结束，学习资料马上被转手或干脆被抛弃，而学到的东西则统统还给了老师。一切都被颠倒了，目的成了手段，而手段则成了目的；形式成了内容，而内容则成了形式。在学校生活中，考试永远是无冕之王，是宏大叙事，是至高无上的母题。学生们的个性被压抑了，兴趣被抹掉了，健康被毁坏了。然而，人们居然有勇气称这样的事情为“教育事业”！

第五，这种颠倒也表现在人们对人文社会科学真理的探索中。近年来，在人文社会科学的研究中，当代中国人有一个很流行的见解，即主张把学术性与思想性区分开来。我们猜想，形成这一见解的初始动机或许是想把学术研究从一些传统的、流行的思想教条的束缚中解放出来。也正是基于这样的见解，出现了一大批学术刊物，如《学术集林》《学人》《中国学术》等，也有不少报刊相继辟出了学术专栏。它们在活跃学术气氛、发展学术事业方面确实做了大量的工作，但这里有一个关键的问题仍然需要辨明：学术研究究竟是想打破一切思想观念的约束，还是仅仅只想打破教条主义思想观念的束缚？换言之，我们是仅仅丢掉烂果子，还是不分青红皂白地把所有的果子都扔出去？我们是仅仅倒掉洗澡水，还是把洗澡水和小孩一起倒掉，在我们看来，对于任何人文社会科学研究成果来说，学术性构成其形式，而思想性则构成其内容和灵魂。既不存在无思想性的学术性，也不存在无学术性的思想性。试图把学术性与思想性分离开来并对立起来，必定会落入形式主义的窠臼。俄国学者赫尔岑曾经尖锐地批评过那些既不关心现实，也不注重思想的学者："学者在发展到极端时，在社会上是处于反刍动物的第二胃的地位；永远也得不到新鲜的食品，而是已经咀嚼过的东西，他们再去咀嚼只是为了爱好咀嚼而已。"[7]然而，在他看来，学者对现实生活的自我封闭和对思想灵魂的自我弃绝，并不能阻挡思想力量的渗透："思想的性质是光辉灿烂的，普照大地的；它渴望普及，它冲入所有的孔隙，从指缝间漏出去。"[8]完全可以这样说，人文社会科学的研究成果一旦与思想性相分离，也就成了一堆无灵魂的躯体。形式与内容，合则兴盛，离则俱伤。

在对国外社会科学成果的研究中，形式主义思维方法也占据着支配性的地位。人们只是热衷于把国外的各种思潮和观念介绍进来并加以张扬，从来不考虑当代中国社会的具体情况。换言之，他们注重的只是问题的形式，而不是它的内容。比如，有的西方学者在批判近代笛卡尔主义的二元论传统时，提出了"消解主体性"的观点，这在西方的文化背景下是完全可以理解的。可是，令人不解的是，有些中国学者也把这个口号照搬过来，加以弘扬。殊不知，在中国的具体国情下，中国人还没有建立起普遍的主体意识，特别是道德实践主体的意识和法权人格的意识，又遑论“消解”？又如，有的西方学者对西方的民主制度和自由的观念进行了深入的反思和批判。对于已有悠久的民主和自由传统的西方人来说，这种反思和批判是很容易理解的。但令人啼笑皆非的是，有些中国学者也拾其余唾，对民主制度和自由观念大加挞伐。殊不知，中国人还处在追求自由和完善民主制度的历史过程中，又遑论“逃避自由”“走出民主的困境”？再如，有的西方学者有感于当代西方社会所处的高度异化的、无家可归的状态，提出了“返回家园”的口号。有些中国学者亦步亦趋地大谈“孤独感”“无家可归感”，强调“返回家园”之重要。殊不知，中国人一直生活在宗法等级的社会制度中，现代的、严格意义上的“个体”还没有普遍地确立起来，所以中国人不是太孤独了，而是根本上还缺乏孤独。事实上，孤独和自由是同一个徽章的两个不同的侧面。一个离弃孤独的人，也一定是一个离弃自由的人。同样地，中国人需要的也不是走出“无家可归”的状态，而是走出家庭，自觉地进入并适应“无家可归”的状态。这听起来有点像天方夜谭，实际上却是对当代中国社会生活的最确切不过的描述。君不见，数不清的农民工不是在走出家庭，涌向“无家可归者”的行列吗？君不见，大量的城市居民不也在走出国门，加入了“无家可归者”的行列吗？在当代中国社会中，“走出”的历史过程还未完成，又遑论“返回”？由此可见，这种形式主义的、照搬的思维方法是十分有害的。只有时时处处从中国的具体国情出发，才能对国外的各种人文社会科学思潮和观念做出准确的评价。

还需指出的是，在比较文化研究的领域里，形式主义的蔓延也是相当严重的。人们在开展这类研究时，往往只注意比较对象的“形似”，即外观上的相近，如黑格尔的“绝对精神”与朱熹的“理”、萨特的“自由”与庄子的“逍遥”等，却完全不注意它们究竟是否“神似”，即在精神实质上是否相近。这种形式主义的研究方法使整个比较文化研究的领域处于“无政府主义的状态”之中[9]，以致任何人都有权闯入这个领域，并任意地从两种不同的文化系统中抽取出两个对象加以比较。这个闯入者或许对这两种文化系统和两个被比较的对象都没有做过深入的研究，但他却确信自己能够创造出“不清楚+不清楚=清楚”的神话。在这种形式主义的研究方法的支配下，比较文化研究领域竟成了思想肤浅者施展自己才华的地方。

综上所述，在形式和内容错位之时，在形式主义蔓延之处，一切都被连根拔起，一切都显得漂荡无定了。形式取代了内容，现象取代了本质，矫情取代了真诚。人们津津乐道地谈论着价值，尤其是外观上的价值，即镀金层的价值，而完全忘记了真理。真理就像“丑小鸭”，成了一切人嘲讽的对象。

数字崇拜与价值的分离

随着市场经济和科学技术特别是信息技术和数字化技术的发展，数量和数字的作用变得越来越突出。于是，单独的、形式化的数字崇拜逐步形成了。这是形式主义在当代社会生活中的最典型的表现方式之一。

首先，一些抽象的数字获得了神秘的意义。比如说，“8”是一个很普通的数字。但由于“8”与“发财”的“发”字谐音，所以，它突然平步青云，获得了不寻常的意义。它成了一种重要的资源，甚至其本身就意味着财富。不管是电话号码、汽车牌照号码，还是房屋门牌号码、手机号码等，只要连续出现几个“8”字，那常常就表明，号码的拥有者不是很有身份的人，就是非常有钱的人。有的含有“8”的号码，如汽车牌照号码，甚至公开进行拍卖；光是一个抽象的数字，就可以获得令人咋舌的卖价。与此同时，日历中的“8”“18”“28”这些日子都获得了特别的意义，以致喜庆的日子几乎都选择在这3天。这些数字的神秘化都与“发财”有关[1]，同样的崇拜，也见之于民俗中的财神。只要看看每年农历正月初五的财神节因为放爆竹而留下了多少“红地毯”，烧毁了多少“绿地毯”（草坪），我们就可以知道财神在中国诸神中的独裁地位了。正如马克思在《论犹太人问题》一文中所指出的：“钱是以色列人的妒嫉之神；在他面前，一切神都要退位。”[10]

与“8”这个数字的肯定性的神秘化相对峙的是另一些数字的否定性的神秘化。如“4”这个数字由于和“死”字谐音，所以在任何情况下都受到了排斥，当然更不用说“14”（和“要死”谐音）、“5，14”（和“我要死”谐音）这样的数字了。而“13”这个数字由于在基督教的传统中是一个忌讳的数字，中国人也顺便把它绑上了历史的耻辱柱。这样一来，不仅与这些数字相关的日期成了不吉祥的日子，而且与它们相关的楼层，如“第四层”“第

---

1 有趣的是，过去一直默默无闻的“发菜”，由于和“发财”谐音，也平步青云，身价陡增，且成为馈赠亲友的最佳礼品之一。

十三层”“第十四层”“第二十四层”也都因此变成了不吉利的。有的建筑商为了迎合消费者的这种数字形式崇拜心理，干脆用“12A层”“12B层”分别取代“第十三层”“第十四层”，或者干脆从第十二层一下跳到第十五层。

与数字“8”“4”有确定的价值取向不同，数字“6”就没有那么好运了。中国传统习俗中，有“六六大顺”的说法，数字“6”是被赋予吉祥的含义的。今年6月6日因此而被追捧，民政部门的婚姻登记处门庭若市，大清早就排起了长队，媒体也不惜版面加以报道。然而，“6”又因在沪语中与“落”字同音而被沪上考生及家长嫌弃：赶考场时，凡车牌号中带“6”的出租车一概回避，因为涉嫌“落榜”！真难为了这个“6”字，左右不是人！到了这步田地，除了心生悲哀之外，还有什么可说呢？有趣的是，人们在人与人之间追求平等，却在数字与数字之间制造不平等，而数字本身也不过是人们自己创造出来的。

其次，当代中国人的生活逐步开始数字化了。人所共知，在当代西方人的生活中，有两组数字——驾驶证号码和社会安全号码——起着特别重要的作用。[1]在当代中国社会中，由于社会保障系统尚未健全，而拥有小汽车的人又不多，所以这两个数字还不具有普遍的意义。然而，对当代中国人来说，另一些数字组合，

1 西方学者对西方社会中的数字崇拜现象也时有精辟的、批评性的论述。如美国学者威尔逊在阐述美国的总统任期制度时，曾经说过：“有一位敏锐的评论家说得很妙。他说，我们的制度主要是天文学的。一位总统是否对国家有益，不是用他的效率来衡量，而是用日历上的月份来计算的。如果他是位好总统，也只能做4年。英国首相必须随时赢得多数党的好感，而美国总统只要维持不死就行了。”参见威尔逊：《国会政体》，北京：商务印书馆1986年版，第137页。

如身份证号码、银行卡密码、电脑密码等却开始发生重要作用了。人的存在被还原为一组数字。也许当我们重新检视哲学史的时候，应该给毕达哥拉斯以更高的荣誉。

必须指出的是，在当代中国人的生活中起作用的还有另一些重要的数字，但这些数字却是他自己无法把握的。比如说，各级干部的提拔都有相应的、被严格规定的年龄段，某人正好“撞”进这个年龄段，他的人生或许就会发生重大的变化。在大专院校或研究单位里，职称晋升的情况也与此相仿。举例来说，有些高校规定：35岁以下的青年教师，假如成绩突出的，可以破格晋升为副教授；40岁以下的青年教师，假如成绩突出的，可以破格晋升为正教授。在我们看来，这样的规定完全是数字形式崇拜。因为一个教师是否符合副教授或教授的资格，完全取决于他的实际水平，与他的年龄（在他具有工作能力的年龄范围内）没有任何关系。这里也不存在“破格”与“不破格”的问题，所谓“格”只能是他的实际水平，而这个“格”是永远不能破的。假如一个青年教师在30岁时已经具备正教授的水平，他为什么不能晋升为正教授呢？德国哲学家谢林在23岁时已经是正教授了。人们是如此之看重年龄、资格等形式化的指标，以致一个人的真才实学反倒成了无足轻重的东西。这是多么不可理喻啊！[1]

最后，更值得注意的是，人的价值也开始用数字来度量了，人们把这种做法称为“量化”。比如，一个大学教师的工作成就完

---

1 不少单位在报刊上公开地刊登“招聘启事”，并严格规定所要招聘的人员的年龄范围。显而易见，这样的“招聘启事”及我们上面提到的各单位擅自发布的其他一些与年龄有关的政策或措施，在西方社会中只能被判定为“年龄歧视”。

全可以用下列数字来表达：工龄数+开设课程数+教学课时数+指导研究生数+主持项目数+发表论著数+获奖数等。或许可以说，一个企业家最重要的价值是他所领导的企业每年的创利数。但是，对于一个大学教师来说，以上这一串数字又能在多大程度上表现他的价值呢？反之，人们的负价值也是可以用一连串的数字来表达的。总之，生活被还原为数字，价值被还原为数量，数字支配人们生活的时代开始了。写到这里，我不禁怀着惴惴不安的心情联想起苏联作家扎米亚京撰写的长篇反乌托邦小说《我们》。这篇小说写道：一千年后，地球上留存下来的0.2%的人们建立了“唯一国”。这是一座玻璃城堡，一切都是透明的，任何人都没有自己的隐私。唯一国里所有的人都没有姓名，只是一个号码。号码们的作息时间完全是一致的，甚至连吃饭时嚼几下也有明确的规定。最后，这种可怕的数字化的生存终于引发了号码们的反抗。[11]但愿人类能够摆脱这种高度形式化和数字化的生活，因为人是有血有肉的，他绝对不是一连串枯燥无味的数字！

虚假对真实的统治

随着人类文明尤其是科学技术的发展，当代中国人理应进入一种更合理的生活方式，但实际情况与我们的预想之间却存在着很大的差距。按照坊间流行的解释学，“真实”成了“无用”的代名词，而“真诚”则成了“愚蠢”的代名词。

首先，虚假在经济领域里到处蔓延。以前人们出门买东西，总是先问商品的价格贵不贵。现在，这个问题成了第二个问题，第一个问题则是："这东西是真的还是假的?"人们之所以孜孜不倦地提出这样的问题，是因为市场上假冒伪劣的商品实在太多了，假烟、假酒、假茶叶、假首饰、盗版书、盗版光盘以及其他各种假冒伪劣商品应有尽有。为了把这样的假货推销出去，商贩们雇用了不少"撬边模子"（北方谓之"托儿"），连骗带哄，引诱顾客上当。更令人吃惊的是，在那些不为人注意的阴暗角落里，还出售假文凭、假护照、假身份证、假发票，甚至是假币。虽然政府制定出各种措施来防止假冒伪劣商品的泛滥，社会上也出现了一些"打假英雄"，但面对越来越猖狂的制假、贩假活动和地方保护势力，人们常常只能望洋兴叹。这使我们情不自禁地记起了帕斯卡尔的一句名言："人心是怎样地空洞而又充满了污秽啊!"[12]

其次，在社会生活中，另一些虚假的现象也引起了我们深深的忧虑与震惊。在街上、汽车上或火车上，行骗者往往会设下许多陷阱：或"看相"，或"玩牌"，或"卖药"，或"拾到东西，与你平分"。总之，为了骗得钱财，无所不用其极。不要说法国作家伏尔泰笔下的"天真汉"出门会受骗，就是一些自诩圆滑老到的人，在千奇百怪的骗局面前也难免会受挫。在街上，人们也经常会遭遇到这样一些"受害者"或"受难者"：或因家里遭遇不测而颠沛流离，或因受骗遭窃而身无分文，或因失恋而痛不欲生，凡此种种，不一而足。善良的人们听到他们的诉说，同情心油然而生，纷纷相助。但不久以后却发现，这一切都是伪造出来的。更令人匪夷所思的是，不但有假的"受难者"或"受害者"，而且也有"假乞丐""假残疾人"，他们竟通过愚弄人们的同情心来骗取钱财。试想，在一个社会中，如果连人们的同情心也成了别人发财致富的资源的话，那么人与人之间还有什么信任度可言呢？我们不得不怀着沮丧的心情返回到法国哲学家卢梭早已得出过的结论上：“随着我们的科学与艺术进于完善，我们的灵魂败坏了。”[13]

最后，虚假也在神圣的精神领地驰骋。不知从什么时候开始，人们对假文凭、假承诺、假证明、假论文、假著作、假博士、假教授、假推荐信、假学术权威等现象也已经见怪不怪了。有些明星，他们的口头语言和书写语言都十分亮丽，但他们私下里的行为即他们的肢体语言却粗暴卑劣，判若两人。报刊上披露出来的“明星走穴”和偷税漏税的故事便是其最好的注脚。与有些明星一样，有些学者的人格也发生了分裂。他们在私下里的谈话和行为与公开的谈话和行为之间可能存在着重大的差别，甚至可能是截然相反的。如果读他们的充满理想的论著，听他们的慷慨激昂的演讲，你一定会觉得他们是世界上道德最完美的人；但突然披露出来的事实却表明，他们或是学术研究中的剽窃者和自我克隆者，或是职称、成果评审中的腐败主义者和宗派主义者，或是思想观念上的“风派”和变色龙，只要一碗红豆汤就可以出卖自己的长子权！

美国前总统艾森豪威尔曾以非常刻薄的口吻批评过知识分子：“我听到过一个关于知识分子的非常有趣的定义：一个人用比必要的语词更多的语词，来说出比他所知道的东西更多的东西。”[14]与艾森豪威尔不同，保罗·约翰逊却对知识分子怀着强烈的不信任情绪。他甚至认为，20世纪的最主要的教训之一就是“提防知识分子，不但要把他们同权力杠杆隔离开来，而且当他们试图集体提供劝告时，他们应当成为特别怀疑的对象”[15]。当然，我并不赞同约翰逊引申出来的绝对化的结论，但我们不得不看到，某些知识分子的精神世界确实发生了惊人的蜕变。在当代中国社会的转型过程中，这种人格的蜕变和分裂显得更加触目惊心。

有感于弄虚作假现象的普遍性，坊间流传着三种不同的说法。第一种说法是："除了骗子是真的，其他的都是假的。"第二种说法是："除了假头发是真的，其他都是假的。"第三种说法是："除了字典中的'假'字是真的，其他都是假的。"这些说法尽管都明显地夸大了事实，但值得我们深长思之。也许可以说，叔本华在这方面的感受是最为深切的。他这样写道："人的真实含义是面具，就像古代舞台上演员的习惯装束那样。毫无疑问，没有人将其真实面貌显露出来，而总是戴着他的面具，扮演着他的角色。事实上，人类社会的全部过程被当作一个无始无终的喜剧。这就是为什么在一个聪明人看来枯燥乏味的社会，对于一个傻瓜来说却是安逸舒适的原因。"[16]然而，令人难以置信的是，世上竟还有这样的好事者，千方百计地对这些丑陋的现象进行遮掩、粉饰，就像给丑女化妆一样，更使人陡增厌恶。比如，有的人信用明明很差，却故意频繁地到银行借贷、还款，目的是为自己创造一份"良好的信用记录"；又如，有的人以剽窃、拼凑的手法出版了著作，居然还有勇气说动别人为这样的书撰写书评。真不知天下有羞耻事！

综上所述，形式主义的洪水泛滥之处，一切都变样了。形式驱逐了内容，数字替代了价值，模仿接替了创造，虚假统治了真实。人与人之间的淳朴关系被淹没在赤裸裸的利己主义的冰水之中。

当这种形式主义的巨潮裹挟着种种虚假的东西铺天盖地地向我们压来的时候，我们究竟何以自处呢？像明末思想家李贽一样提出焚书的方案，以便使人们的思想保留在童真状态中，显然是不可能的。我们的策略只能是：正视现实，奋力抗争。一方面，我们应该珍惜生活中尚留存着的所有真实的东西，特别是儿童的天真，这是世界上最宝贵的财富。应该保护和鼓励儿童的真实，切不要用成年人的圆滑和谎言去误导他们。我们也应该珍惜生活中尚留存着的所有真诚的品性和关系，决不要用冷酷的数字、抽象化的报表和形式化的规则去桎梏它们。我们也应该珍惜生活中尚留存着的热爱真理、追求真理的激情，不要用价值和利益去驱赶真理，也不要用市场小贩的近视眼光去遏制这种追求真理的激情；相反，应该重新给真理行加冕礼，并把它迎回到皇座上来。另一方面，我们应该有勇气拒绝矫情，拒绝矫揉造作，拒绝一切形式主义崇拜；也应该有勇气揭露一切虚假的东西，与它们展开坚决的斗争。

尽管萤火虫发出的光是微弱的，但它毕竟冲淡了夜色！

［原载《探索与争鸣》2006年第8期］

参考文献

［1］李泽厚．中国现代思想史论．北京：东方出版社，1987：322—323.
［2］论语·学而.
［3］毛泽东选集（合订本）．北京：人民出版社，1964：789.

[4] 毛泽东选集（第5卷）. 北京：人民出版社，1977：77.
[5] 克尔凯郭尔. 哲学寓言集. 北京：商务印书馆，2000：7.
[6] 雅斯贝尔斯. 时代的精神状况. 上海：上海译文出版社，1997：32.
[7][8] 赫尔岑. 科学中华而不实的作风. 北京：商务印书馆，1981：56；47.
[9] 俞吾金. 比较文化研究的前提性反思. 复旦学报，1999（3）超越比较文化研究的无序状态. 解放日报，2000. 6. 18.
[10] 马克思恩格斯全集（第1卷）. 北京：人民出版社，1956：448.
[11] 世界历代禁书大全. 上海：上海辞书出版社，1995：584—588.
[12] 帕斯卡尔. 思想录. 北京：商务印书馆，1985：73.
[13] 十八世纪法国哲学. 北京：商务印书馆，1979：146.
[14][15] 保罗·约翰逊. 知识分子. 南京：江苏人民出版社，1999：1—2；470.
[16] 叔本华论说文集. 北京：商务印书馆，1999：448.

历史主义批判：历史意识和历史真实间的张力

乍看起来，当代中国人似乎对“历史”怀着一种普遍的兴趣。在文学作品中，历史小说，尤其是叙述历代著名帝王、大臣的小说，堪谓充斥书市；在学术著作中，关于种种历史问题或“历史之谜”的回溯与解答也是学者们争论的永恒不变的主题；在电视荧屏上，历史剧一个接一个地争夺着人们的眼球；在电台频道中，历史故事也是人们最喜爱的节目之一。所有这一切似乎都表明，在我们这个有着悠久历史的泱泱大国里，人们的历史意识是何等牢固、何等持久。然而，深入的反思又使我们注意到一些完全相反的现象。

比如，学生们对“历史”这门课普遍地缺乏兴趣。即使他们在上历史课时没有缺席，也不意味着他们真的喜欢上了历史，而只是表明，他们必须获得这门课的成绩。事实上，在应试教育的语境中，他们真正感兴趣的不是“历史”，而是“如何考历史”；不是了解历史的真相，而是获得历史这门课的成绩。一旦历史考试结束了，这门课的成绩获得了，他们使用过的历史课本也就会离他们而去。而学生们从历史课本上接受的本来已经少得可怜的历史知识也很快地从记忆中被抹掉了。实际上，在日常生活中，到处可以见到的正是这些丧失历史记忆的年轻人。不但数千年来的中国历史在他们眼中是漆黑一团，他们甚至对数十年前发生过的“文化大革命”也已经有隔世之感了。如果说历史知识可以体现出人的精神的纵深度，那么，他们已失去了这样的纵深度。他们似乎与蜉蝣相像，只活在此刻。

再如，历史上犯过的错误一再在现实生活中重现。众所周知，1958年发生的“大跃进”乃是唯意志主义和小资产阶级狂热性的产物。然而，失去了历史记忆的当代人却在今天不断地重患这种历史的病症。大众传媒上经常出现的口号，如“超常规发展”“跨越式发展”就是典型的例子。试问，什么叫“超常规发展”？难道让飞机离开航线、让轮船离开航路、让火车脱离轨道？“常规”就是常规，怎么可以轻易违背呢？至于“跨越式发展”的提法，不禁使我们联想起“大跃进”中曾经出现的“十五年赶上英国”之类的狂妄的口号。更令人费解的是，在“大跃进”之后，人们不但没有认真地吸取教训，而且在1976年又重犯了“洋跃进”的错误。

所有这些现象都表明，人们从来也没有认真地总结过“大跃进”和其他政治运动的经验，从而也根本不可能认真地记取任何重大历史事件的教训。历史之于他们，仿佛遥远的星球之于地球，丝毫不能激起他们胸中的波澜。我们发现，在当代中国人思想的深处，隐藏着一种普遍的“历史冷淡主义”或“历史厌倦症”。总之，在当代中国思想文化界，表面上的“历史偶像主义”和骨子里的“历史虚无主义”既形成鲜明的对照，又互为表里，相得益彰。要破解这种奇特的社会景观，就不得不对当今仍然十分流行的历史主义思维方法进行深入的反省和批判。

历史主义的泛滥

也许可以说，在当代中国社会中，没有任何其他的思维方法比历史主义的思维方法更加得宠了。有哪位思想家没有声称自己在研究活动中运用了历史方法呢？又有哪一位理论家在反驳他人的观点时没有指责他人违背了历史方法呢？在他们的心目中，历史方法仿佛成了能够拯救任何庸俗的见解，并使之成为科学真理的点金术。然而，他们所理解的“历史方法”不过是历史主义的代名词而已。在我们看来，历史主义主要具有以下三种表现形式。

一、历史偶像主义

顾名思义，历史偶像主义就是把历史当作偶像加以崇拜。假如我们有兴趣检索一下当代中国理论家或思想家们的著作，就会发现一个奇特的现象，即他们的著作不说有六分之五的篇幅，少说也有四分之三的篇幅是靠回忆历史构成的。仿佛他们真正感兴趣的从来不是自己正在研究的问题，而是这个问题演化的历史。这个问题在历史上由谁最先提出，接下去又是谁推进了对它的研究，第三个人又是如何深化对它的认识的，等等。有趣的是，在他们的脑袋里，普遍地存在着如下的幻觉，即只要把问题的历史搞清楚了，问题本身也就迎刃而解了。说得刻薄一些，如果把他们的著作中回顾历史的部分去掉，他们的著作就消失了。同样地，在他们的论文中，大量的篇幅也都用于历史的回顾。如果把这些部分去掉，他们的论文也就消失了。历史偶像主义也有以下种种表现形式。

第一，对历史起点的崇拜。有趣的是，无论是普通老百姓，还是学者或专家，总是对历史起点怀着一种莫名的崇拜，似乎在历史上较早出现的事物一定具有神圣的价值。就科学发明或发现来说，除了已有明确定论的，其余都处于争论之中。比如，谁最先创立了微积分理论？是牛顿，还是莱布尼茨？人们曾为此而争论不休。同样地，谁最先发现了美洲大陆？是哥伦布，还是其他人？人们也曾为此而争论不休。这种争论甚至波及日常生活中的各种问题。比如，究竟哪个国家最先发明了喇叭裤？究竟哪个国家最先制作了比萨饼？人们总是乐此不疲地把无数的精力和时间花费在对这类问题的争论上。而大家都明白，这类争论除了激起某种种族的虚荣感以外，通常是毫无结果的。西方人经常使用的一个短语open question［悬而未决的问题］[1]大多关涉这类问题。显然，这里有一种对时间上的“最先”或“第一”的盲目崇拜。

有趣的是，在哲学上，人们最为关注的也是关于“起源”的问题，比如，在认识论研究中，人们总是热衷于询问：意识（认识）起源于什么？在人和意识尚未存在的时候，世界究竟是怎么样的？其实，这些问题本身就是伪问题，因为认识论的探索是以认识论语境的存在为前提的，而在认识论语境中，认识主体、认识对象和认识媒介早已存在，再去假设一个人和意识产生前的世界，本身就是悖谬的、无意义的。同样地，在本体论研究中，人们也总是热衷于询问：在人还没有诞生之前，宇宙是怎么样的？

1　有趣的是，有的中国学者竟然把open question译为“公开的问题”。这种粗疏的、望文生义的治学态度真令人大跌眼镜。其实，他们只要查阅一下身边的任何一本英语词典，马上就会发现，这个短语的真实含义究竟是什么。

不用说，这也是一个伪问题，因为本体论研究是以人的存在作为理论前设的。如果人们试图超越这个前提去做本体论的思索，这种思索本身就是自相矛盾的。

不难发现，这种对起点的崇拜与中国人在传统的农耕生活中形成的慎终追远（祖先崇拜）的集体心理有着深刻的内在联系。祠堂里摆放着的牌位、对修家谱和族谱的极大的热情，形成了对以起点崇拜为标识的历史主义思维方法的巨大的支撑意识。诚然，在合适的语境中，探索历史的起点是可以的，但却不应该以盲目崇拜的态度去对待历史的起点。

第二，对历史过程的崇拜。我们发现，许多人感兴趣的，不是问题本身，而是问题演化的过程。他们就像围绕着松树奔跑的松鼠，目的只是要实现奔跑这一过程，而不是要通过奔跑去达到什么目的。也有一些学者，通过对过程的重要性的渲染，进一步推进了人们对过程的崇拜。比如，黑格尔就竭力反对谢林的“手枪发射式的”、天才的认识理论，强调认识乃是一个过程。当然，在黑格尔那里，过程和目的尚处于合理的关系中。现代哲学家怀特海则干脆把自己的哲学称为“过程哲学”（philosophy of process），从而把过程的重要性提升到前所未有的高度上。而在第二国际的领袖伯恩斯坦那里，运动和过程就是一切，最终目的反倒成了微不足道的东西。显而易见，在他的思维方法中，有着一种盲目崇拜过程的思想倾向。

有趣的是，我们常常见到，一些理论著作或学术论文对它们欲加以解答的问题毫无兴趣，它们的全部热情只在于描述这一问题在历史上演化的过程。它们都有一个奇怪的幻想，即只要把问题演化的过程描述出来了，问题也就迎刃而解了。其实，过程与目的根本就不是一回事。无须诉诸深奥的哲学推论，人们就会发现，日常生活每时每刻都在昭示这样的真理。比如，一个人步行至邮局去寄信。对于他来说，“步行”是一个过程，而“寄信”则是目的。假如他到了邮局，没有把信寄出去，这表明他还没有达到自己的目的。同样地，一个人读完了大学，但没有获得相应的文凭，他肯定也会不高兴的，因为在他的心目中，读大学这一“过程”与获得文凭这一“目的”是不可分离地联系在一起的。

事实上，只要细加分析就会发现，即使表面上看起来没有什么明确目的的过程也是蕴含着自己的目的的。比如，一个人外出散步，似乎散步这一过程本身就是目的，可是仔细地推敲起来，又不尽然。在我们看来，仍然可以做出如下的区分，即散步是一个“过程”，而锻炼身体、排遣心中的苦闷、透透新鲜空气、思索问题等因素则可能成为散步的“目的”。即使表面上看起来全无目的的“漫游”，分析起来也是有目的的，那就是漫游者期待在漫游的过程中发现什么或巧遇什么。从上面的分析可以看出，过程≠目的，对一个问题的历史的回溯，并不等于对这个问题本身的解答。诚然，在合理的范围内追溯问题的演化史，可能对解答问题有帮助。但必须明白，对问题的历史过程的单纯回溯并不意味着对问题本身的解答。

第三，对历史泡沫的崇拜。正如尼采所讽刺的，当代人，当然也包括当代中国人，就像“一部走动着的百科全书”，肚子里装满了杂乱无章甚至相互冲突的历史知识。如果说鳄鱼的肚子里装着石块，并且靠这些石块之间的摩擦来帮助自己进行消化，那么，当代人则靠这些残缺不全的历史知识来做判断并决定自己如何行动。对于像中国这样具有悠久历史的国家来说，历史更是当代中国人挥之不去的重负。当代中国人的创造性萎缩到这样的程度，以至于他们遇到任何事情都会“十步九回头”，去“追恋埃及的肉锅”。他们把历史故事、历史情节和历史经验视为至高无上的范本，在现实生活中不敢越雷池一步。他们失去了开拓、创造的任何勇气，仿佛生命的全部价值就在于替历史做注疏、做诠释。一言以蔽之，他们是穿着现代服装的古代人。可怜的是，只有当他们处于恋爱中，而且必定要处于热恋状态中时，他们才有可能忘记历史，按照自己的方式去创造。然而，一旦走出热恋状态，他们的创造性就悄然褪去，历史的重负重新回到他们的肩上，他们又变得小心翼翼了。

问题在于，在他们所崇拜的历史知识中，究竟是哪些要素起着决定性的作用呢？我们发现，主要是下面这些要素：其一，历史上的计谋权术，尤其是帝王驾驭大臣的谋略。于是乎，《三十六计》《资治通鉴》《三国演义》，甚至近人李宗吾的《厚黑学》，都成了当代中国人十分崇拜，并努力在行为上加以模仿的作品。在当代中国人中，有人把谋略引入自己的政治生涯中，也有人把谋略引入激烈的商场竞争中，更有人把谋略引入日常的交往关系中。其二，历史上的宫闱秘事。当代中国人常常有一种窥探历史人物，尤其是重要历史人物隐私的不健康的心理倾向。他们乐此不疲地谈论的永恒的主题是：帝王大臣的风流韵事，皇后妃子的争风吃醋，公子哥儿的拈花惹草，风尘女子的落落寡欢。其三，历史上的英雄人物。当代中国人崇拜的历史英雄无非是：以忠勇著称的岳飞、杨家将，以义气著称的关羽、张飞，以公正著称的包拯、海瑞，以劫富济贫著称的草莽英雄，以除暴安良著称的江湖英雄，等等。这些历史人物的私人生活、英雄事迹都成了当代中国人饭后茶余的谈资。

毋庸讳言，在当代中国人感兴趣的这些历史知识中，包含着一些有价值的内容，对这些内容，我们后面还会进行专门的论述。然而，遗憾的是，一方面，这些有价值的内容中掺杂着传统社会的种种消极的观念，如王权至上、等级秩序、男尊女卑、江湖义气等，需要认真地加以梳理和批评；另一方面，在这些历史知识中，有相当一部分内容与历史的本质无关，它们只是历史进程中泛起的泡沫而已，如历史人物的隐私、矫揉造作的儿女之情、妃子的争宠、权谋和欺诈、血淋淋的暴力等。这些历史的泡沫之所以得到了当代中国人的青睐，是因为它们满足了他们窥探隐私的不健康的心理倾向。乍看起来，如果一个人在聊天中能够不断地掬起这些泡沫，那么这似乎证明了他在历史知识方面的博学。其实，在我们看来，这正好证明了他在历史知识方面的无知，因为他关注的只是历史的泡沫，至于历史的本质，则从来没有进入过他的思想的视野。

二、历史虚无主义

从表面上看来，历史虚无主义与历史偶像主义是正相反对的观念。我们在这里把它们视为历史主义的不同的表现形式，是否陷入逻辑上的困境了呢？一点也没有。因为历史偶像主义视之为偶像的乃是历史的泡沫，而历史虚无主义欲将其加以虚无化的对象却是历史的本质。由此看来，历史偶像主义和历史虚无主义非但不相互矛盾，反而殊途同归，构成了历史主义思维方法的两个重要的侧面。

在这里，我们必须加以说明的是，究竟什么是历史的本质。在我们看来，历史的本质并不是已经摆放在那里的、现成在场的东西，它是面向将来的、生存着的东西。一个明显的事实是，在所有的世代中，唯一活着的是当代人。这就启示我们，历史的本质是在当代人的意义世界中形成并产生出来的。然而，我们这里所说的“当代人的意义世界”并不是某个当代人的主观意向或嗜好，而是指当代人尤其是中国人无例外地置于其中的根本性的生活过程——市场经济和现代化所蕴含的客观的价值导向，即市民社会、民主政治、独立人格、个性自由、基本人权、社会公正等。也就是说，凡是能够为当代中国的市场经济和现代化所蕴含的价值观念的健康发展提供重大的、积极的启发的历史知识都是根本性的历史知识，而历史的本质正隐藏在这些根本性的历史知识中。

令人遗憾的是，历史虚无主义却把这些根本性的历史知识弃置一旁，甚至把它们完全虚无化了，即把它们推入硫酸池中，使它们烟消云散了。比如，“文化大革命”作为十年浩劫是中国历史上灰色的甚至是黑色的一页，但同时也蕴含着一些根本性的历史教训，亟须当代中国人认真地加以总结，以便在发展市场经济和推进现代化的过程中不再犯这样的错误。然而，令人遗憾的是，当代中国人却竭力把这个历史事件从自己的记忆中抹掉，仿佛遗忘一个东西也就等于超越一个东西似的。其实，任何根本性的历史经验，只要还处于未受反思的状态下，是不可能真正为当代中国人所用的。比如，在今天，一些侵犯人权的行为之所以一再在某些地区、某些农村、某些企业或某些团体中出现，一个重要的原因就是人们没有认真地反思并总结“文化大革命”这一惨痛的历史教训。总之，在今天的中国，人们普遍感兴趣的是历史的泡沫，而对与历史的本质息息相关的根本性的历史知识则采取了回避的甚至是厌倦的态度。人们津津乐道地谈论着历史人物的儿女私情，喋喋不休地争论着文化名人的生活逸事，却从不谈论与今天的国计民生有关的重大的历史经验与历史教训，似乎历史成了他们宣泄自己的低级趣味的KTV包房。

三、历史虚构主义

作为历史偶像主义的一种补充，历史虚构主义也是当代中国人的嗜好之一。历史小说、历史戏剧、历史说书、历史故事连续剧（电视）、武侠小说从来就拥有广泛的读者和观众，而这种历史虚构主义则在当今流行的“戏说”“大话”“水煮”等形式中达到了极致。其实，这种历史虚构主义正是当代中国人逃避现实生活、拒绝对历史的本质做出深入反省的态度在文学艺术上的表现。毋庸讳言，在促使历史虚构主义形成和发展的过程中，至今仍然在当代中国社会中占据主导地位的应试教育制度也参与了共谋。可以想象，被应试教育制度折腾得面色苍白、痛苦不堪的青年学生，如果稍有一点空余时间的话，他们是多么愿意逃遁到金庸先生所虚构的武侠世界中去。在这个虚拟的世界中，一个少男牵着一个少女的手，在全世界漫游、冒险，这是何等快意的事。事实上，对应试教育制度的一个讽刺是：青年学生对金庸先生的武侠世界的熟悉程度远远地超过了他们对数学世界、物理世界、化学世界和生物世界的熟悉程度，以至于有的青年学生竟然根据武侠小说中虚构的故事来学习历史。这样一来，真实的历史情节和虚构的文学故事之间的界限完全被消除了。历史成了一个可以任意地加以打扮的女孩。事实上，在这些以虚构历史作为自己特点的文学艺术作品中，也鲜有作品真正触及历史的本质，其中大量的作品中仍然充斥着性、暴力、好勇斗狠、争风吃醋这些历史的泡沫。它们可能在当代中国人那里实现自己的票房价值或市场营销价值，但却完全不可能对市场经济和现代化进程产生积极的引导作用。

从上面论述的历史主义的种种表现形式中可以看出，历史主义没有把当代中国人的思想带入历史的本质性维度中，以便从中吸取那些对当代生活具有积极的引导和推进作用的思想酵素，从而使市场经济和现代化沿着健康的轨道向前发展，而是把当代中国人的注意力引向历史的泡沫，甚至完全出离历史。目前在青年人中普遍存在的“历史厌倦症”正是这种历史主义思维方法泛滥的必然结果。

历史意识的觉醒

要遏制这种历史主义思维方法的蔓延，就必须倡导与之相对立的另一种观念，那就是历史意识。那么，究竟什么是“历史意识”呢？我们认为，历史意识并不是指一个人对历史素材、历史掌故、历史细节的熟悉程度。即使一个人每天24小时接触的都是历史资料，也不等于说他就是具有历史意识的人。历史意识的关键不在于对过去的熟悉，而在于对现在的生活之本质的先行、正确的理解。我们这里所说的“先行的、正确的理解”就是指，在研究历史之前，先要领悟当代生活的本质。那么，究竟什么是当代生活的本质呢？正如我们在前面已经指出过的那样，市场经济和现代化构成当代中国社会生活世界的本质，而市场经济和现代化所蕴含的客观的价值导向——市民社会、民主政治、独立人格、个性自由、基本人权、社会公正等——正是历史意识首先要加以把握的思想内容。只有当一个人把握住了这些思想内容，并自觉地把它们作为主导性的价值引入对历史事件、历史问题和历史经验的研究中时，他才获得了真正的历史意识。

众所周知，具有历史主义思维方法的人常常把“不懂得过去，就不了解现在”这句话作为自己的座右铭。然而，令人遗憾的是，这句座右铭却是一张无法兑现的支票。为什么？因为当代人总是从当代出发去理解过去的；也就是说，他根本不可能回到“纯粹的过去”，而只可能回到“他所理解的过去”。在这里，逻辑上在先的仍然是当代人的思想意识。由此可见，“不懂得过去”的说法实际上是站不住脚的，因为当代人至多只能抵达“现在的过去”，而“现在的过去”在本质上仍然是从属于现在的。

与此相反，历史意识的座右铭则是“不理解现在，就不能解释过去”。因为正如我们在前面已经指出过的那样，既然当代人是唯一活着的世代，那么一切理解和解释历史活动的旨趣必定是以当代人为轴心的；也就是说，阅读并解释历史的“意义中心”从来不在过去，而只可能在当代。当然，“当代人”这一概念的内涵也是处于变化中的，今天被称为“当代人”的人不久就会没入历史的黑洞中。然而，只要人类繁衍下去，新的“当代人”就会不断地产生出来，而意义的基础、出发点和灵魂永远是属于活着的当代人的。由此可见，历史意识的重心永远在当代。当意大利哲学家克罗齐说“一切历史都是当代史”的时候，他表达出来的正是这种自觉的历史意识。

历史意识启示我们，一个研究者在未对当代生活的本质加以把握之前，就匆匆忙忙地扑向过去，试图对历史事件、历史问题和历史经验做出自己的解释，这种解释只可能是失败的。道理很简单，因为确定某个历史事件、历史问题和历史经验是否有意义的钥匙隐藏在当代的思想意识和客观的价值观念中。在这个意义上可以说，只有先行地、正确地理解了当代，才可能对历史做出合理的解释。

我们几乎可以断言，当代中国文学界和影视界的大部分历史剧的编导都缺乏自觉的历史意识，他们只是在历史主义的浪潮中随波逐流。事实上，这些编导编写出来的历史剧绝大部分是以帝王大臣、皇后妃子为主体的。从秦始皇到吕不韦，从刘邦到项羽，从李世民到武则天，从唐明皇到杨贵妃，从康熙到乾隆，触目所见的都是王公贵族、后宫嫔妃之间的计谋权术、钩心斗角、同室操戈、宫闱政变。当编导们把这些真实的历史事件或虚构化的历史故事演绎给当代中国人看的时候，他们有没有考虑过自己所编导的历史剧中蕴含着的引导性价值呢？假如他们编导历史剧纯粹是出于商业动机，即获得可观的票房价值，那么，为了吸引受众的眼球、增加收视率，他们会在对历史事件的演绎中掺入大量泡沫，如性、暴力、宫闱、青楼、巧取豪夺、好勇斗狠等。即使他们编导历史剧的动机是十分高尚的，是为了替今天的市场经济、现代化和政治生活提供历史的经验教训，然而，他们由于没有先行地、正确地反思当代生活的本质，所以根本不可能自觉地把切合当代生活本质的客观的价值观念带入对历史材料的甄别中；相反，却不由自主地受到渗透在历史材料中的传统观念——如忠君思想、等级意识、男尊女卑、江湖义气等——的影响。而明眼人一看就知道，所有这些传统观念与我们今天正在从事的市场经济和现代化建设的主导性价值都是相冲突的。也就是说，这些历史剧不仅不能为当今的生活提供引导性的价值，反而充当了阻碍市场经济和现代化发展的消极的思想台柱。

当然，在所有的历史剧中，那些以反对特权、维护社会公正为主导性价值的历史剧，如关于包拯、海瑞、狄仁杰等的故事，却具有特别的意义。因为在当代中国人正在从事的市场经济和现代化建设中，反对特权、维护社会公正乃是最具紧迫性的价值导向之一。这类历史剧的问世，至少在客观上表明，历史意识在当今中国的思想文化界还没有完全消失。当然，这类历史剧的编导们是否自觉地引入这种历史意识，在荧屏上再现这些感人的历史故事，那就不得而知了。他们有可能自觉地确立了这种重新理解历史材料的历史意识，也有可能只是受收视率和商业利润的诱惑而编导这类历史剧。不管如何，渗透在这类电视剧中的传统观念——忠君思想、等级意识、男尊女卑、江湖义气等——可以作为一种标尺，来表明这些编导离自觉的历史意识还有多远。更有甚者，有的编导为了激起受众的低级趣味，也照例把一些历史的泡沫撒播到这类历史剧中，从而弱化了它们的思想感染力和影响力。

记得毛泽东曾经说过，对历史文化遗产应该采取“吸取精华、剔除糟粕”的态度。这个说法当然是对的，但全部问题在于，如果不预先确定客观的价值坐标，又如何区分“精华”与“糟粕”呢？显然，这里说的客观的价值坐标正来自自觉的历史意识。于是，我们就明白了，一旦编导们确立了自觉的历史意识，他们制作的历史剧就不会再热衷于对王公大臣们的私生活的演绎，也不会再倾心于对称霸武林的江湖英雄们的颂扬了，新的、无限丰富的历史素材将在他们的眼前展现出来。

毋庸讳言，这些历史素材所蕴含的价值倾向应该与当代中国人正在追求的市场经济和现代化的客观的价值导向相切合。正如我们在前面已经指出过的那样，这些客观的价值导向，除了社会公正外，还有自由、民主、平等、个性、爱国、独立人格、基本人权等。诚然，我们也承认，无论是在内涵还是在外在形式上，传统社会中的价值观念与当代社会中的客观的价值观念是有差异的。然而，问题的关键在于，我们在历史剧或历史小说中欲加以弘扬的那些价值观念与当代的客观价值观念是否相吻合。如传统观念中的有教无类、民贵君轻、对抗君恶、张扬个性、自由恋爱、为民申冤、爱国情操等，显然是与当代生活的客观价值相切合的。事实上，许多具有民间思想倾向的作品，如诗经、汉诗十九首、唐宋传奇、宋元话本、明清小说和戏曲等，都蕴含着与当今市场经济和现代化建设的客观价值导向相吻合的价值观念。为什么编导们不去发掘并加工这些极其珍贵的历史素材呢？无论是陈凯歌导演的《无极》（人们戏称它为“由半个馒头引发的血案”），还是冯小刚导演的《夜宴》（人们称它为“《哈姆莱特》的拙劣的仿制品”），在我看来都是失败的，因为这些编导都缺乏自觉的历史意识，他们注重的只是作品的商业价值，几乎很少顾及作品所载之“道”究竟是什么，而这个“道”究竟是否与当代社会的客观价值导向相切合。

从上面的论述不难看出，历史主义心甘情愿地在历史的泡沫中游泳。事实上，历史主义者大多是一些趣味不高的人，他们不但无力以自己的作品来提升受众的鉴赏力，反而无节制地运用性、暴力、权谋、私情等历史的泡沫来迎合一部分缺乏文化修养的受众的不健康的心理倾向。与此相反，历史意识关注的是历史的本质，而对历史的本质的正确解读又有赖于对当代生活所蕴含的客观的价值导向的理解。在这个意义上可以说，历史意识本质上是当代意识。当然，这里说的“当代意识”，不是指某个当代人的主观的、偶然的喜好，而是指蕴含在当代生活本质事件中的客观的价值导向。当代人唯有通过深入的反思把握住这种客观的价值导向，才可能对历史素材做出新的选择，并编导出真正能够促进当代市场经济和现代化沿着健康的轨道向前发展的、具有重大现实意义的作品来。如果他们不愿意把自己的时间花费在这种先行的、深度性的反思中，从而确立起自觉的历史意识，那么，他们就会像卡夫卡笔下的那个土地测量员，永远只能围绕着“历史”这个城堡兜圈子，却不可能真正地进入这个城堡之中。

历史意识和历史真实间的张力

如前所述，对于当代中国人来说，摆脱历史主义思维方法的束缚具有极为重要的意义，因为正是这种思维方法使人们的思想与历史的本质分离开来，使其热衷于在历史的泡沫中游泳。这种思维方法泛滥的结果必定是历史本身的虚无化。具有讽刺意味的是，只要人们依然在历史主义的思维框架内运思，哪怕他们天天谈论历史，历史还是无法进入他们心中，化为他们生命中的血脉。

只有当人们把自己对历史的理解奠基于历史意识之上时，蕴含在历史的本质性维度中的丰富的内涵才会向他们显示出来。正如我们在前面已经指出过的，历史意识的座右铭是“不理解现在，就不能解释过去”。借用马克思的话来说，就是:“人体解剖对于猴体解剖是一把钥匙。反过来说，低等动物身上表露的高等动物的征兆，只有在高等动物本身已被认识之后才能理解。因此，资产阶级经济为古代经济等等提供了钥匙。”[1] 人们也许会问：为什么马克思不是把对低等动物的认识置于对高等动物的认识之前，而是采用倒过来的认识路线呢？因为在他看来，低等动物身上显露出来的某些征兆，在人们认识高等动物的结构之前是难以获得确切的认识的。事实上，这些征兆只有在高等动物的身上才能得到充分的展开。这就启示我们，只有当我们先行地认识了高等动物的结构，回过头去，才可能真正地解开蕴含在低等动物身上的那些征兆的秘密。比如，在经济学的研究上，不是先去研究古代社会的经济，然后才去研究当代资产阶级社会的经济；相反，正确的思路是，先研究当代资产阶级社会的经济，然后才可能对古代社会的经济做出合理的说明。也正是在这个意义上，马克思进一步发挥道："基督教只有在它的自我批判在一定程度上，可说是在可能范围内准备好时，才有助于对早期神话作客观的理解。同样，资产阶级经济只有在资产阶级社会的自我批判已经开始时，才能理解封建的、古代的和东方的经济。"[2] 由此可见，贯穿在马克思思维方法中的根本性内涵，正是我们前面所提到的这种自觉的历史意识。

确立自觉的历史意识，就是要认真地贯彻"不理解现在，就不能解释过去"的思维原则，而这一原则也就是马克思所说的"人体解剖对于猴体解剖是一把钥匙"的真谛。然而，在贯彻这一思维原则时一定要记住，自觉地把当代生活中的本质性的价值导向带入对历史事件、历史问题和历史经验的解读中才是正确的；但同时也必须维护历史真实性的原则，即不应该把当代人的思想观念与古代人的思想观念简单地等同起来。换言之，不应该用当代人的思想观念去改铸古代人的思想观念，甚至粗暴地把当代人的思想观念强加到古代人的身上。"文化大革命"后期，"四人帮"策划的"评法批儒"运动就是从今人的观念出发，随意地曲解历史的典型案例。事实上，马克思本人在强调自觉地贯彻历史意识的同时，也告诫我们："但是，决不是像那些抹杀一切历史差别，把一切社会形式都看成资产阶级社会形式的经济学家所理解的那样。人们认识了地租，就能理解代役租、什一税等等。但是不应当把它们等同起来。"[3] 在马克思看来，地租是当代资产阶级社会采用的经济形式，而代役租和什一税则是古代社会采用的经济形式。显然，认识地租这种当代的经济形式有助于理解历史上曾经出现过的代役租和什一税这样的经济形式，但决不应该犯如下的错误，即把地租与代役租和什一税简单地等同起来。毋庸讳言，马克思的上述论述既肯定了历史意识的重要性，又严格地划定了历史意识起作用的界限和范围，即历史意识是以尊重历史的真实性、承认不同历史时期之间存在的差异为前提的。也就是说，我们必须在历史意识与历史的真实之间建立必要的张力。

一方面，我们坚决反对以历史主义的方法去对待历史，因为在这种思维方法中，当代人作为历史文本的解读者，缺乏对当代生活的本质、当代价值的客观导向和自己的解读立场的先行的、批判性的反思。其实，只要当代人还没有把这种反思理解为正确地解读历史的必不可少的前提，其解读结果就必定是失败性的，解读者们必定会与历史的本质失之交臂，而最后只能在历史的泡沫中找到自己的归宿。另一方面，在确立自觉的历史意识的同时，我们也坚决反对把历史意识曲解为一种无前提的、无界限的意识的错误倾向，因为这样的曲解会在历史研究中导入一种实用主义的思想方式，即完全无视历史的真实性，从而把历史曲解为一块可以任意地进行雕刻的大理石。

综上所述，正确的思维方法是在历史意识与历史真实之间建立必要的张力。其实，历史意识只是主张，我们应该把当代生活中的客观的价值导向引入对历史事件、历史问题和历史经验的解读中，以便我们能够自觉地围绕历史的本质展开自己的理解活动。也就是说，历史意识只是为我们解读历史的文本提供了一个正确的视角，但它无权改变历史事件的真实性，也无权抹杀不同历史时期之间存在着的差异性。恰恰相反，历史意识的活力正是通过对这种真实性和差异性的充分尊重而显现出来的。事实上，也只有认识到这一点，我们才能合理地理解并解释历史，才不会与历史的本质失之交臂。

［原载《探索与争鸣》2007年第1期，文章原标题为《人体解剖是猴体解剖的钥匙——历史主义批判》］

参考文献

［1］［2］［3］马克思恩格斯全集（第46卷上）．北京：人民出版社，1995：43、44、43.

观念主义批判：走进文本与走出文本

众所周知，在英语中，“idealism”这个词有三种不同的译法。在构词法上，当它被解读为由词根“idea”（观念）和后缀“-lism”（主义）构成的复合词时，它通常被译为“唯心主义”或“观念主义”；当它被解读为由词根“ideal”（理想）和后缀“-ism”（主义）构成的复合词时，它又常常被译为“理想主义”。“唯心主义”这一译法显然受到了佛教的影响，因为佛教中有的教派主张“万物唯心”，肯定万物都存在于我们的心中。此外，这个概念的当代运用中还蕴含着强烈的意识形态倾向，它常常被曲解为一种政治立场。至于“理想主义”这一译法，则显得比较含混。因为人人都会拥有自己的理想，所以“理想主义”这一提法既不能证明什么，也不能否定什么。比较起来，我们更倾向于“观念主义”这一译法，因为它既避免了“唯心主义”这一译法的强烈的意识形态倾向，又避免了“理想主义”这一译法的含混性。那么，究竟什么是“观念主义”呢？我们认为，观念主义的出发点就是崇拜观念或文本，并把观念或文本理解为世界的基础，试图用观念的改变或文本的更替作为前提解释一切社会历史现象。

从历史上看，虽然观念主义屡经批判，但由于这类批判过于简单化和粗暴化，在某种意义上反而助长了它的发展。我们完全有把握地说，在当代中国人的现实生活和精神生活中，观念主义是最流行的思维方式之一。不彻底地批判并清算这种思维方式，不但会给我国的现代化事业带来巨大的损害，也会给思想文化建设造成灾难性的影响。

从“本本主义”到“两个凡是”

众所周知，反对观念主义是贯穿于新民主主义革命时期和社会主义建设时期的基本的思想任务之一。早在1930年5月，毛泽东就写下了题为《调查工作》的文章，这篇文章在20世纪60年代公开发表时，标题改为《反对本本主义》。其实，本本主义正是观念主义的主要表现形式之一，而反对本本主义、提倡实地调查则是这篇文章的中心思想。

在这篇重要的文章中，毛泽东这样写道：“以为上了书的就是对的，文化落后的中国农民至今还存着这种心理。不谓共产党内讨论问题，也还有人开口闭口‘拿本本来’。我们说上级领导机关的指示是正确的，决不单是因为它出于‘上级领导机关’，而是因为它的内容是适合于斗争中客观和主观情势的，是斗争所需要的。不根据实际情况进行讨论和审察，一味盲目执行，这种单纯建立在‘上级’观念上的形式主义的态度是很不对的。”[1]在这里，毛泽东分析了本本主义赖以栖身的两种不同的本本：一种是书本。在不少人的思想中存在着一种糊涂的见解，以为上了书本的内容必定是正确的。人们通常说的“开卷有益”也是基于上述糊涂见解。其实，在这个世界上，既有好书，即好的本本，也有坏书，即坏的本本。总之，对书本是不能一概而论的。另一种是来自上级机关的书面指示或文件。显然，对这样的本本，我们也不能“一味盲目执行”。因为这些书面指示或文件有可能是正确的，也有可能是错误的，要看它们的内容是否“适合于斗争中客观和主观情势”。总之，对这样的本本，也不能采取盲目服从的态度。

在这篇文章中，毛泽东还深刻地揭露了本本主义可能导致的严重后果。他指出:“本本主义的社会科学研究法也同样是最危险的，甚至可能走上反革命的道路，中国有许多专门从书本上讨生活的从事社会科学研究的共产党员，不是一批一批地成了反革命吗？就是明显的证据。我们说马克思主义是对的，决不是因为马克思这个人是什么‘先哲’，而是因为他的理论，在我们的实践中，在我们的斗争中，证明了是对的。我们的斗争需要马克思主义。我们欢迎这个理论，丝毫不存什么‘先哲’一类的形式的甚至神秘的念头在里面。读过马克思主义‘本本’的许多人，成了革命叛徒，那些不识字的工人常常能够很好地掌握马克思主义。”[2]读了革命的本本，反而成了反革命。这是不是危言耸听呢？显然不是。在毛泽东看来，那些“专门从书本上讨生活的从事社会科学研究的共产党员”极有可能会走向革命的反面。道理很简单，因为他们不能从中国的具体国情出发去解读本本，尤其是马克思主义经典作家撰写的本本，这就很容易导致对马克思主义学说的误解，甚至否定、背叛这种学说。

那么，如何克服本本主义这一错误的思想方法呢？毛泽东告诉我们:“马克思主义的‘本本’是要学习的，但是必须同我国的实际情况相结合。我们需要‘本本’，但是一定要纠正脱离实际情况的本本主义。怎样纠正这种本本主义？只有向实际情况作调查。”[3]在这里，毛泽东以其深湛的辩证法思想给我们指出了一条克服本本主义的道路：其一，把“本本”和“本本主义”区分开来。本本，尤其是马克思主义的本本，是一定要认真学习的，但脱离实际的本本主义却是要不得的。其二，学习本本，一定要采取理论与实践相结合的正确态度。其三，要走出以“本本至上”为特征的本本主义，只有“向实际情况作调查”。

毋庸讳言，《反对本本主义》这篇檄文是毛泽东批判观念主义的重要文献之一。在写于1942年2月的演说稿《整顿党的作风》中，毛泽东在清算“主观主义”这一错误思潮时，对本本主义做出了进一步的批判。他这样写道：“如果一个人只知背诵马克思主义的经济学或哲学，从第一章到第十章都背得烂熟了，但是完全不能应用，这样是不是就算得一个马克思主义的理论家呢？这还是不能算理论家的。我们所要的理论家是什么样的人呢？是要这样的理论家，他们能够依据马克思列宁主义的立场、观点和方法，正确地解释历史中和革命中所发生的实际问题，能够在中国的经济、政治、军事、文化种种问题上给予科学的解释，给予理论的说明。我们要的是这样的理论家。”[4]在这里，毛泽东再次告诫我们，重要的不是熟读乃至背诵马克思主义的文本，而是按照这些文本蕴含的基本的立场、观点和方法，对中国的实际问题做出正确的解释。

正是通过对观念主义的典型形式本本主义的反复批判，毛泽东在革命队伍中成功地贯彻了“理论联系实际”的正确思想路线，从而引导新民主主义革命和社会主义建设初期阶段取得了伟大的成就。历史的讽刺在于，毛泽东本人倡导的反对观念主义尤其是反对本本主义的思想批判运动却开始指向他自己了。1977年2月，经华国锋批准，《人民日报》、《红旗》杂志和《解放军报》发表的两报一刊社论《学好文件抓住纲》公开提出了“两个凡是”的错误方针：凡是毛主席做出的决策，我们都坚决维护；凡是毛主席的指示，我们都始终不渝地遵循。

不用说，“两个凡是”的错误方针乃是毛泽东本人批判过的观念主义、本本主义的最突出的表现形式。按照这个方针，只要是毛泽东做出的“决策”或“指示”，即使是不符合实际情况的、错误的，人们也只能“维护”或“遵循”，不能提出任何不同的意见，也不能采取任何不同的做法。这样一来，毛泽东的思想和本本都被绝对化了。1977年5月，邓小平在一次讲话中对“两个凡是”的错误方针提出了严肃的批评：“按照‘两个凡是’，就说不通为我平反的问题，也说不通肯定1976年广大群众在天安门广场的活动‘合乎情理’的问题。……毛泽东同志自己多次说过，他有些话讲错了。他说，一个人只要做工作，没有不犯错误的。又说，马恩列斯都犯过错误，如果不犯错误，为什么他们的手稿常常改了又改呢？改了又改就是因为原来有些观点不完全正确，不那么完备、准确嘛。毛泽东同志说，他自己也犯过错误。一个人讲的每句话都对，一个人绝对正确，没有这回事情。他说：一个人能够‘三七开’就很好了，很不错了，我死了，如果后人能够给我以‘三七开’的估计，我就很高兴、很满意了。这是个重要的理论问题，是个是否坚持历史唯物主义的问题。彻底的唯物主义者，应该像毛泽东同志说的那样对待这个问题。马克思、恩格斯没有说过‘凡是’，列宁、斯大林没有说过‘凡是’，毛泽东同志自己也没有说过‘凡是’。”[5]其实，邓小平对华国锋提出的“两个凡是”的错误方针的驳斥，不但体现出他的讲话中蕴含着不可抗拒的逻辑力量，而且也体现出他在理论上的深邃的洞察力。在他看来，“这是个重要的理论问题，是个是否坚持历史唯物主义的问题”。今天，我们反思、批判观念主义，也应该站在同样的理论制高点上。

从“宗教治国”到“经典崇拜”

自20世纪70年代末启动的改革开放以来，由于“从实际出发、实事求是和理论联系实际”的正确思想路线占据了主导性的地位，中国社会发生了令人瞩目的变化，取得了令人难以置信的成就。然而，在回顾这段历史时，我们发现，每当人们在前进的道路上遭遇某些困难和问题时，观念主义总会通过各种不同的表现形式沉渣泛起。

20世纪八九十年代，中国式市场经济在运作的过程中出现了不少问题，如假冒伪劣商品的泛滥、企业三角债的飙升、贪污腐败的蔓延、经济诈骗的增多、权力寻租的升级、社会治安的恶化等。有些学者认为，大量社会失范现象是由中国国民普遍缺乏宗教意识的约束造成的，因而主张：中国社会或者应该像西方社会一样，大规模地培植对宗教的信仰；或者应该像康有为等人所倡导的，把儒学宗教化，从而提升国民的整体素质，以救治中国式市场经济中出现的普遍失范。

毋庸讳言，这种所谓“宗教治国”论正是观念主义在新的历史条件下的表现形式之一。以为人为地从外面引入或从内部复兴某种宗教意识，一个社会的现实生活就会随之而改观，这完全是一种天真可笑的幻想。正如马克思在批判青年黑格尔主义者时所指出的："有一个好汉一天忽然想到，人们之所以溺死，是因为他们被关于重力的思想迷住了。如果他们从头脑中抛掉这个观念，比方说，宣称它是宗教迷信的观念，那么他们就会避免任何溺死的危险。"[6] 如果说马克思这里提到的"一个好汉"和我们上面提到的"有些学者"有什么区别的话，那么完全可以说，前者要抛弃的是"宗教迷信的观念"，而后者试图从外面引入或从内部复兴的也正是"宗教意识"。他们共同的错误是把宗教意识或观念理解为现实生活和世界历史的基础，以为只要抛弃某个观念或接纳某个观念，就可以重写人类的现实的历史。在马克思所批判的青年黑格尔主义者中，即使是在自然观上具有唯物主义倾向的费尔巴哈，也难免对宗教观念的历史作用做出错误的估计，因为他坚持认为："人类的各个时期仅仅由于宗教的变迁而彼此区别开来。"恩格斯认为，费尔巴哈的上述论断是"绝对错误的"[7]，因为这完全是观念主义的天真幻想，与人类历史上实际发生的事情毫不相干。

事实上，那些唯宗教观念或意识是从的学者从未认真地反思过宗教本身的历史。以基督教为例。从历史上看，欧洲中世纪的宗教裁判所不知把多少异端分子和异教分子送上了火刑柱，而疯狂的"十字军东征"也不知道蹂躏了多少民族，残害了多少生灵。罗素在《西方哲学史》一书中曾经转述过吉本在《罗马帝国衰亡史》中记录下来的、发生在公元5世纪时的一件逸事，即一位信奉异教（犹太教）的贵妇人希帕莎如何惨遭天主教极端分子的残杀。罗素在写到希帕莎的时候这样写道："在一个愚顽的时代里，她热心依附于新柏拉图哲学并以她的才智从事于数学研究。她被人'从二轮马车上拖将下来，剥光了衣服，拉进教堂，遭到读经者彼得和一群野蛮、残忍的狂信分子的无情杀害。他们用尖锐的蚝壳把她的肉一片片地从骨骼上剥掉，然后把她尚在颤动的四肢投进熊熊的烈火'。"[8]由此可见，宗教观念或意识并不像有些学者所想象的那么简单。何况，中国人从来没有完全与宗教绝缘。在中国，既有本土宗教——道教，又有外来宗教——佛教、伊斯兰教、基督教等。记得鲁迅先生曾经说过，中国文化的根柢在道教，要了解中国人，就要先了解道教。佛教也是对中国国民产生重大影响的宗教，特别在隋唐时期是如此。在当今中国的沿海城市中，基督教也拥有一定的影响。总之，"宗教治国"论体现的是观念主义者的天真的幻想，是站不住脚的。

与这种"宗教治国"论相补充的是"儒家伦理治国"论。有些学者认为，正如梁漱溟先生在《中国文化要义》一书中所说，中国社会是以伦理尤其是儒家伦理为本位的国家。只要人们把以孔孟为代表的儒学的伦理思想恢复起来，就能克服市场经济中出现的种种失范现象。诚然，我们也承认，在当代中国社会的思想文化和精神文明的建设中，批判地借鉴儒学的伦理思想资源是必要的；但这并不等于说，我们可以把2000多年前孔孟的伦理思想原封不动地拿过来就用。事实上，在孔孟的伦理思想中，根本不可能蕴含当代人的伦理价值观念，如基本人权、独立人格、平等、自由、民主和社会公正等意识。因此，根本不可能用传统的儒家伦理来挽救当代中国人的心灵。相反，应该从当代中国社会的现实生活和实际需要出发，对传统的儒家伦理思想进行批判性的改造和创造性的转化。

21世纪初，在“宗教治国”论和“儒家伦理治国”论的呼声衰微以后，又出现了“经典崇拜”论。一些学者出来呼吁，一定要潜心阅读国内外的、传统的经典文本，以便从根本上改变当代中国社会的精神风貌。于是，“半部《论语》治天下”或“一部《周易》解释世界”的观念再度出现并流行起来；解释中外经典文本的各种白话译本相继问世，讲解中外经典文本的各种研讨班也应运而生，甚至连以形象思维为主导的电视荧屏也不甘落后，开辟出各种论坛，讲解《周易》《论语》《老子》《庄子》《史记》《三国演义》等一系列经典。一时间，人人都在谈论历史，个个都在诠释经典。仿佛只要把中外经典都讲解一遍，当代中国人的精神面貌就将自然而然地发生变化。显然，这是观念主义在新的历史条件下的又一种表现形式。

诚然，阅读经典是我们传承文化的一个重要的侧面，但关键不在于阅读经典这种外在的形式，而在于真正从中国的实际情况出发，使经典为我们所用。假如只是“为读经典而读经典”，或完全以崇拜的方式去读经典，那么，这样的解读方式不但起不到积极的思想引导的作用，反而会使阅读者误入歧途。正如毛泽东在《反对本本主义》一文中所说，如果人们以脱离实际的方式去阅读马克思主义的经典，甚至完全可能走上反革命的道路。

由此可见，阅读经典是必要的，但经典崇拜则是错误的。事实上，要彻底改变中国式市场经济中出现的种种失范现象，不仅要从实际出发，做好思想文化和精神文明建设方面的工作（其中，包括对传统文化的批判性改造和对经典文本的创造性解读），更重要的是，要通过体制改革、权力制衡、严肃法纪、素质教育、法权意识和道德实践主体的培育等一系列具体的措施，有针对性地解决这些失范现象，而不是天真地求助于所谓“经典崇拜”。实际上，这样的崇拜方式，像历史上已经出现过的观念主义的其他变种一样，并不能解决任何问题。

从“新教伦理”到“内圣外王”

在当代中国社会，尤其是中国思想界，观念主义的泛滥已经成为一个不争的事实。但人们很少注意到，近年来，这一思想方式从国外、境外引入的各种社会思潮中获得了强大的支援意识。限于题旨，我们在这里只分析以下三种影响较大的思潮。

一是德国社会学家马克斯·韦伯关于“新教伦理”的观念。众所周知，韦伯出版过两部颇有影响的著作：一部是《新教伦理与资本主义精神》，表明西方在宗教改革中形成的新教的伦理观念，如勤劳、节俭、自律、讲信用等，如何促进了西方社会的现代化尤其是工业化进程的发展；另一部是《儒教与道教》，断言儒家的伦理观念对中国的现代化尤其是工业化起着阻碍性的作用。这两部著作从一正一反两个角度强调了伦理观念的巨大作用，即西方的新教伦理促进了现代化的发展，而中国的儒家伦理则阻碍了现代化的发展。特别是韦伯的《新教伦理与资本主义精神》一书在国内翻译出版后，不少中国学者不加分析地接受了他的思维方式，以为只要在当代中国社会中创造出一种类似于西方“新教伦理”的“伦理观念”“精神文明”或“核心价值”，当代中国人的素质也就变好了，当代中国社会中存在的一切现实问题也就迎刃而解了。毫无疑问，这种天真的幻想依然是观念主义的产物，它与我们上面提到的“儒家伦理治国”论实在有异曲同工之妙。

其实，韦伯的“新教伦理”说根本上就是一种片面的、不完整的理论假设。他应该继续追问：新教伦理又是如何形成并发展起来的？显然，新教伦理是在16世纪的宗教改革运动中形成并发展起来的。那么，宗教改革运动又是什么原因造成的呢？不用说，这里既有天主教教会腐败的原因，也有欧洲当时已经开始形成新兴的市民阶层且他们提出了自己相应的经济和政治要求的原因。也就是说，新教伦理并不是从天上掉下来的，更不是现代化的始源性的基础，而是适应于新的经济关系和政治需求而产生的。于是，我们又从韦伯返回到马克思；也就是说，从观念主义返回到历史唯物主义。正如马克思在谈到历史唯物主义时所说：“这种历史观和唯心主义历史观不同，它不是在每个时代中寻找某种范畴，而是始终站在现实历史的基础上，不是从观念出发来解释实践，而是从物质实践出发来解释观念的东西。”[9]总之，新教伦理不是第一性的，而是第二性的；不是决定现实生活的始源性现象，而是从现实生活中产生的伴随性的现象。

二是德国哲学家雅斯贝尔斯提出的所谓“轴心时代”理论。根据雅斯贝尔斯的理论，公元前8到前2世纪乃是人类历史发展中的“轴心时代”。正是在这个时代中，不同的文化环境各自孕育出一批伟大人物。如在中国产生了老庄、孔孟这样的大思想家；在印度产生了释迦牟尼，创立了影响世界的佛教；在希腊则产生了以苏格拉底、柏拉图和亚里士多德为代表的伟大哲学家。在雅斯贝尔斯看来，中国文化、印度文化和希腊文化的范式正是由这些生活于轴心时代的伟大人物创造出来的，而迄今为止，这些文化的发展始终没有超出轴心时代的基本观念。显然，这一“轴心时代”理论也是观念主义的典型表现形式之一，因为雅斯贝尔斯假定，人类不同文化的范式即主要结构和基本观念在公元前8到前2世纪已经全部被安排好了，人类的不同文化以后的历史发展不过是那个时代的文化范式的演绎和展开罢了。这很容易使我们联想起英国哲学家怀特海的那个著名的见解，即全部西方哲学都是柏拉图著作的注脚。

然而，这个“轴心时代”的理论一经提出，立即得到了许多研究者的认同。在中国理论界，人们更是喋喋不休地谈论着它，并孜孜不倦地在故纸堆中寻找着理解当代中国人生活的密钥。其实，这完全是观念主义建构起来的天真的幻想！另一位哲学家、意大利的克罗奇的见解才真正是正确的。在他看来，一切历史都是当代史。这一见解启示我们，所谓“轴心时代”绝不像雅斯贝尔斯所认定的，只是公元前8到前2世纪这个时代，它是不断地变换着的。换言之，“轴心时代”就是当代，因为在任何历史时期，唯一活着的人总是当代人，所以人类的全部现实生活和精神生活的轴心必定在当代，在活着的人那里。也就是说，“轴心时代”永远是活人的时代，而不是死人的时代。当然，随着时间的流逝，当代会渐渐地转化为古代，原来意义上的当代人也会渐渐地消失在历史的黑洞之中。因而，“当代”和“当代人”都不是凝固不变的概念。但我们完全可以断言：活着的人永远是当代人，他们正是当代的化身和标志。在这个意义上可以说，“轴心时代”就是不断更替着的当代，而唯有当代人的现实生活才构成真正的“轴心”，即决定着当代人将把历史上的哪些人称为“伟人”、把历史上的哪些文本称为“经典”，以便借助先辈的传统和服装来演出世界历史的新场面。正如马克思所说：“一切已死的先辈们的传统、像梦魇一样纠缠着活人的头脑。当人们好像刚好在忙于改造自己和周围的事物并创造前所未有的事物时，恰好在这种革命危机时代，他们战战兢兢地请出亡灵来为自己效劳，借用它们的名字、战斗口号和衣服，以便穿着这种久受崇敬的服装，用这种借来的语言，演出世界历史的新的一幕。例如，路德换上了使徒保罗的服装，1789—1814年的革命依次穿上了罗马共和国和罗马帝国的服装，而1848年的革命就只知道拙劣地时而模仿1789年，时而又模仿1793—1795年的革命传统。”[10]显然，在马克思看来，不应该把保罗理解为路德的“轴心”，把罗马共和国和罗马帝国理解为1789—1814年革命的“轴心”；恰恰相反，“轴心”应该在路德那里，在1789—1814年的革命那里。也就是说，当代人之所以借用古代的服装、语言和口号，目的不是崇拜古代人，而只是让古代人充当自己的手段和道具，来演出世界历史的新剧目。由此可见，“轴心时代”与死去的先辈是无缘的，它永远只与活着的当代人为伴。

三是20世纪新儒家中的第二代，即以港台为学术活动中心的牟宗三等人所提出的“内圣外王”论。这里所说的“内圣”主要是指原始儒家，特别是孔孟的政治伦理观念，“外王”则指民主政治的建设和科学技术的发展。所谓“内圣外王”，就是要以“内圣”为基础来开启并拓展“外王”。毋庸讳言，这一理论也是观念主义的典型表现形式之一。完全不顾当代人的现实生活与古代人的生活之间的历史差距，试图通过恢复2000多年前的古代人的政治道德观念的方式来推进当代人的现实生活的发展，这根本上是不可能的。诚然，继承文化传统中的合理的思想资源是必要的；但更为重要的是，当代人必须从自己的现实生活出发来建构能够指导当代人行为的政治道德观念，而不是把古代人的政治道德观念原封不动地搬用到当代来。以为用人为的方式给人们植入一个什么观念或鼓动人们放弃一个什么观念就能改写历史的想法，乃是观念主义所创造的彻头彻尾的幻想。

从文本之“流”到生活之“源”

从上面的论述可以看出，观念主义对当代中国思想文化界的侵蚀已经非常严重。那么，人们究竟如何摆脱这种错误的、根深蒂固的思想方法的影响，回到正确思维的轨道上来呢？我们认为，应该努力认识并处理好以下三个方面的关系。

第一，“源”和“流”的关系。我们应该清醒地认识到，现实生活是“源”，即原初性的、根源性的、基础性的东西；而所有的文本和观念都是“流”，即非原初性的、第二性的、被奠基的东西。尽管现实生活被日常语言所包裹，而日常语言的表达则构成各种不同的观念和文本，但决不能由此而引申出下面的错误结论，即观念和文本是第一性的、基础性的，而现实生活反倒是第二性的、被奠基的。比如，人文社会科学范围内的不少学术论著在研究一种理论的来源时，常常只分析以前有哪些学者的观念、哪些文本影响了这种理论，很少去探索这种理论与当时的现实生活之间的内在联系。这样做的结果是：一方面，把现实生活这个“源”彻底地遗忘了；另一方面，以“流”的方式出现的前人的观念和文本则获得了前所未有的重要性。显而易见，这只能导致观念主义的泛滥。正如马克思在批判青年黑格尔主义者时所指出的：“所有的德国哲学批判家们都断言：观念、想法、概念迄今一直统治和决定着人们的现实世界，现实世界是观念世界的产物。这种情况一直保持到今日，但今后不应继续存在。”[11] 诚然，对观念和文本的研究也是必不可少的，但我们应该清醒地意识到，现实生活必须始终以始源性的、第一性的对象的方式进入我们的眼帘。如果人们继续遗忘现实生活，只在观念和文本中寻找真理，那么，这样的真理根本上就是靠不住的。

第二，认同和批判的关系。在当今中国思想文化界，人们在解读各种不同的观念和文本时，经常显现出来的态度是只有认同，没有批判。比如，人文社会科学的研究生们的一个通病就是，“研究什么，也就信奉什么”。研究尼采的，成了尼采的信徒；研究海德格尔的，成了海德格尔的信徒；研究罗尔斯的，成了罗尔斯的信徒；等等。换言之，人们只看见他们走进某些文本，却从来也没有看见他们走出这些文本。他们不幸成了德国哲学家马尔库塞所批评的“单向度的人”（one dimensional man），即他们只能认同外部世界（包括其观念和文本），却失去了质疑、批判外部世界的向度。这种思想文化领域里批判性向度的普遍匮乏在相当程度上也是由“概念来，概念去”或“文本来，文本去”的观念主义思维方式所造成的。其实，对各种观念和文本进行批判性解读的最深刻的基础仍然隐藏在现实生活中。换言之，现实生活乃是判定各种观念或文本是否具有真理性的根本标准。其实，马克思早已清清楚楚地告诉我们：“人的思维是否具有客观的（gegenständliche）真理性，这不是一个理论的问题，而是一个实践的问题。”[12]诚然，任何人，只要他拒绝采取彻底的怀疑主义的立场，总会与某些观念或文本认同；然而，对他来说，更重要的是，必须紧靠现实生活，确立起自己的批判意识。历史和实践一再证明，唯有真正的批判意识才能真正地提升一个民族的思想文化水平，正如没有别林斯基、杜勃留波夫斯基、赫尔岑和车尔尼雪夫斯基这样伟大的批评家，就不会有灿烂夺目的俄罗斯文学艺术一样。

第三，传承与创新的关系。一般说来，在一个民族的思想文化的延续中，经典起着重要的作用，因而阅读经典、传承文化是每一代人面临的义不容辞的历史任务。然而，历史和实践一再证明，文化的传承和延续是不可能在对经典的单纯的注疏和模仿、信奉和崇拜以及“为读经典而读经典”的形式主义的解读方式中得以实现的，而只能在后人的创造性的解读中得以实现。那么，创造式的阅读何以成为可能呢？归根结底仍然取决于阅读者是否把自己浸淫在现实生活中，从对现实生活的深入考察中提取出重大的理论问题，并把对这样的问题的思索带入对经典的解读中。事实上，创造式的阅读依然是以先行地思索那些从现实生活中冒出来的重大问题作为前提的。反过来说，以观念主义的方式解读经典，不但不可能造福于当代人，还可能把经典中真正有价值的思想资源掩蔽起来。

总之，我们应该拥有自己的观念，但却不应该陷入观念主义的陷阱；我们应该阅读文本，尤其是经典文本，但却不应该陷入本本主义的泥淖。重要的是返回到马克思的历史唯物主义的立场上，把对任何观念或文本的领悟奠基于对现实生活的理解之上。对这个时代的学者，我们很愿意提出如下的忠告：请你在自己思维的翅膀上绑上重物，以便你不会轻易地陷入观念主义的幻想，而能坚定地站在现实生活的基础上来思索问题。

［原载《探索与争鸣》2007年第7期，文章原标题为《走进文本与走出文本——观念主义批判》］

参考文献

[1][2][3] 毛泽东选集（第1卷）. 北京：人民出版社，1991：111、111、111—112.

[4] 毛泽东选集（合订本）. 北京：人民出版社，1968：772.

[5] 邓小平文选（第2卷）. 北京：人民出版社，1994：38—39.

[6][9][11] 马克思恩格斯全集（第3卷）. 北京：人民出版社，1960：16、43、16注①.

[7] 马克思恩格斯选集（第4卷）. 北京：人民出版社，1995：235.

[8] 罗素. 西方哲学史（上卷）. 北京：商务印书馆，1981：452.

[10][12] 马克思恩格斯选集（第1卷）. 北京：人民出版社，1995：585、55.

告别“自说自话”的时代

——社会转型与学术研究方式的嬗变

每个有识之士都会发现，当代中国社会正由高度集权的、封闭的计划经济社会向自由选择的、开放的社会转型。这一社会转型中蕴含着千百年来从未有过的社会大变动，它不仅引起了社会物质生活的巨大变化，也引起了社会精神生活包括我们这里要重点讨论的人文社会科学学术研究活动的巨大变化。下面，我们主要从三个方面出发来考察转型时期的学术研究方式的嬗变。

学术场景：从封闭到开放

不知不觉间，我们赖以开展学术研究活动的场景已经发生了巨大的变化。在转型前，我们的学术研究活动大致上可以用“自说自话”这个词来表达。之所以出现这样的现象，是因为当时的社会基本上处于封闭的状态，因而其学术活动也是在交流者和对话者缺席的背景下展开的。既然这种学术研究活动是在没有交流者和对话者的情形下进行的，它不是“自说自话”又是什么呢？

也许有人会驳斥说：转型前的中国社会不也发生过多次重大的学术讨论活动吗？是的，我们并不否认这种现象的存在。然而，只要我们不停留于现象的表面，而是深入到它的本质中去加以思考的话，就会发现，这种封闭状态中的对话或讨论并不是真正的对话或讨论，而是“虚假的对话或讨论”，因为这样的对话或讨论只具有意识形态上的、情绪化的意义，并没有真正的学术上的含量。事实上，当我们今天回首并检视以往发生过的所谓“学术争论”的时候，我们看到的是什么呢？只是一堆意识形态化的缺乏思考痕迹的语词，而这些语词绝不可能引导我们走向庄严的学术殿堂。

也许又有人会驳斥说：转型前的中国社会与其他的社会主义社会，如苏联，不是有过许多学术交流，甚至是学术上的争论吗？难道这样的争论也只是“自说自话”吗？我们的回答是肯定的。因为当时的整个社会主义阵营都处于封闭的状态，正是这一大背景决定了，生活并思考于这一大背景中的人们不能以任何真正学术的方式思索并解决任何问题。换言之，即使是社会主义国家之间进行交流或争论，这样的交流或争论仍然是意识形态性的、情绪化的，而非学术性的。

学术研究的历史和实践一再表明，真理是在争论中确立的，历史的事实是在矛盾的清理中被陈述出来的。真正的学术活动只能奠基于开放的、自由的、平等的对话或讨论之上。也就是说，在缺乏这样的场景的地方，是不可能有真正的学术研究活动的。实际上，正是在社会转型的过程中，以往学术研究中的“自说自话”的封闭状态被“平等对话”的开放状态所取代。所谓“平等对话”就是不但自己言说，也在国际学术交流的背景中充分地倾听他人言说。这种倾听和对话永远是平等的、开放的、自由的，它对过程的尊重甚至多于对结论的尊重。

当然，我们也应该清醒地看到，当前中国的学术界在某些领域乃至某些问题上并未完全走出“自说自话”的状态。经常见诸大众传媒的所谓“零的突破”“填补空白”“达到世界先进水平”“处于世界领先地位”等表达方式，大部分都是开放状态中的“自说自话”的产物。然而，真正的学术研究活动会向每个研究者提出如下的要求：第一，必须学会倾听，即先倾听前人和同时代人的言说。既听明白他们言说的本质和长处，也听明白他们言说的失误与问题，然后才出来言说。这样的言说才可能是有学术基础的、有创新意识的。第二，必须抛弃“自说自话”的治学态度，把自己的言说奠基在充分开放的、自由的、平等的对话或讨论之上。对话或讨论不是学术研究的外在形式，而是其内在的生命。

在这个意义上可以说，在社会转型的过程中，一个理想型的学术研究场景也正在形成的过程中。而中国学术必须彻底告别这种“自说自话”的封闭状态，在开放的、平等的讨论的基础上重新启动自己的学术思维，并取得真正的、原创性的成果。

学术观念：从一尊到多元

与社会转型同步的是，人们的学术观念也正在经历巨大的变化。对于转型前的中国社会，完全可以说，其整个思想学术是定于一尊的。所谓“定于一尊”，也就是在思想学术上确立唯一的、最高的判别标准。比如，在哲学观念上，人们过去习惯于把“唯物主义+政治进步”与“唯心主义+政治反动”尖锐地对立起来，作为判断一切学术是非的最高标准。

其实，这种把思想学术定于一尊的做法根本上是站不住脚的。首先，在唯物主义与政治进步、唯心主义与政治反动之间并不存在着必然的联系。思想史的研究启示我们，有些学者信奉唯物主义学说，但其政治倾向却是保守的，乃至反动的；也有些学者信奉唯心主义学说，但其政治倾向却是进步的，乃至革命的。这就启示我们，实际生活远比思想学术上的简单划界要复杂得多。其次，在思想学术史上，不少历史人物观念的演化是比较复杂的。有些人一生经历过几个不同的发展阶段：在有些阶段，他们的思想学术呈现出唯物主义的特征；在另一些阶段，他们的思想学术又显露出唯心主义的特征。同样地，他们的政治倾向也可能随客观政治形势的变化而发生变化。一旦出现这样错综复杂的局面，任何简单的、定于一尊式的判断都是无效的。再次，在唯物主义学说中，也存在着迥然各异的各种发展路向。比如，马克思曾经指出，霍布斯的唯物主义学说由于具有机械性的特征，因而变得敌视人了；相反，费尔巴哈的唯物主义学说则具有人本主义的倾向。也就是说，从一种哲学观念如何对待人的角度来看，并不是所有的唯物主义学说都值得人们加以肯定。同样地，唯心主义学说也不是可以简单地加以否定的。相反，人们对思想学术史的研究越深入就越会发现，唯心主义学说的重要贡献是充分肯定并弘扬了人的主观能动性。

众所周知，在任何文明及文明发展的任何历史阶段，学术发展和繁荣的前提都是思想自由。换言之，只有当人们可以自由地选择或坚持不同观念的时候，学术讨论和对话才能得到充分的展开，从而学术研究活动才能真正地发展和繁荣起来。在这个意义上可以说，学术观念存在的方式就是多元的。打个比方，学术观念就像水果，它表现为各种不同的存在样态——苹果、橘子、梨、甘蔗、葡萄等等。如果有人异想天开地试图把水果的味道定格在苹果上，否认水果还有任何其他的存在样态，这样的想法一定是很滑稽的。

尽管如此，我们发现，在现实生活中仍然存在着一种顽强的思想惯性，即有些人一见到多元的观念中夹杂着某些不健康的观念，就又开始“追恋埃及的肉锅”，试图退回到过去的定于一尊的学术老路上去。诚然，我们也同意，应该对不健康的思想学术观念进行批判和遏制，但这并不等于说，在学术研究活动中，我们必须选择那种定于一尊的传统的思维模式。实际上，在转型社会中，多元性已经成为一个不争的事实。今天，人们在思想学术上的任何追求都应该自觉地奠基于这种多元性，而不是把自己与这种多元性对立起来。

学术方法：从简单到复杂

每一个不存偏见的人都会发现，在社会转型的过程中，学术研究方法也正在发生深刻的变化。以前，人们习惯于从辩证法与形而上学思维方法（即独立的、静止的、非此即彼的思维方法）的对立出发去理解方法，因而把辩证法理解为唯一正确的学术研究方法。

显然，把辩证法理解为唯一正确的学术研究方法，无疑是对整个方法论思想的简单化和庸俗化。其实，只要我们怀着开放的心态去理解并选择方法，就会发现，学术方法同学术观念一样是多元的。易言之，多元性构成方法论思想的灵魂。比如，在当代人文社会科学的研究中，就存在着各种不同的方法，如现象学方法、结构主义方法、解构主义方法、诠释学方法、分析哲学方法、精神分析方法、发生学方法等等。就是在辩证法研究的范畴内，也存在着以前很少为我们所关注的各种不同的表现形式，如具体的辩证法、启蒙的辩证法、人类学的辩证法、科学的辩证法、否定的辩证法等等。

在社会转型的过程中，学术研究的方法之所以会发生深刻的变化，主要是由以下两方面的原因造成的：一方面，社会转型意味着不同阶层利益关系的重新调整。在这样的调整过程中，社会生活的复杂性、社会矛盾的尖锐性都会一波接一波地涌现出来，从而使任何现实问题都变得扑朔迷离，真所谓“牵一发而动全身”。现实生活的复杂性使我们在观察、思索和解决任何实际问题时，也必须运用相应的复杂的方法；否则，就会顾此失彼，不但解决不好实际问题，甚至还可能使原来的问题变得更为错综复杂。另一方面，在改革开放和社会转型的过程中，人们的视野普遍地拓宽了，他们越来越意识到，完全可以通过不同的视角去观察、思索和解决同一个问题。事实上，人们在把奠基于不同视角基础上的方法综合起来时，常常能够对复杂的现实问题做出更为合理的处置，对艰深的理论问题做出更为全面的探讨。

当然，强调方法上的复杂性和多元性，并不意味着我们对辩证法采取简单排斥的态度。相反，在一定的研究范围内，辩证法仍然具有某种不可替代的作用。但问题的关键在于：一是要坚持从生存论、本体论的角度去理解并确定辩证法的载体；历史和实践一再证明，与生存论、本体论意义上的载体相分离，辩证法只能遁入黑格尔式的概念辩证法的老路，从而导致诡辩。二是形式逻辑奠基于事物的质的相对稳定性，因而永远有其存在的理由；试图以辩证法取消形式逻辑的做法是站不住脚的，这样做也只能导致相对主义和诡辩的蔓延。

总之，我们可以预言，通过社会转型的“炼狱”，整个中国学术研究的场景、观念、方法、内涵和主题都将发生巨大的变化。

［原载《探索与争鸣》2005年第11期］

中国传统文化观念的政治诉求

历史和实践一再启示我们，在政治研究和文化研究之间应该建立良性的互动关系。一方面，从政治研究向文化研究的推进，有利于人们认识纷繁复杂的政治现象得以形成的文化背景，从而不至于把政治研究简单化、表面化；另一方面，从文化研究向政治研究的回溯，又有利于我们理解形形色色的文化现象的政治实质，从而不至于在文化研究中抓不住要害，甚至完全迷失方向。

在下面的探讨中，我们侧重的是这种互动关系的第二个方面，即从文化研究向政治研究的回溯。当代著名的文化批评家弗雷德里克·詹明信在谈到文学时曾经指出："一切文学，不管其作用是多么微弱，其中都必定渗透着我们称之为政治无意识的东西；一切文学都可以被解读为对共同体命运的象征性沉思。"[1] 其实，不光是文学，乃至全部文化现象，当然也包括文化观念在内，都被政治无意识所渗透。在我们看来，詹明信所说的政治无意识，也就是自然而然地蕴含在文化观念中的政治诉求。在这里，限于题旨和篇幅，我们不可能对中国传统文化观念的政治诉求进行全面的论述，而是把探讨的焦点集中在中国传统文化的三个核心观念，即性善论、清官意识和实用理性上。

性善论的政治诉求

众所周知，在中国传统文化中，存在着四种代表性的人性理论：一是“人性无善无恶论”（告子），二是“人性有善有恶论”（世硕），三是“人性本善论”（子思、孟子），四是“人性本恶论”（荀子）。经过反复的争论，以子思和孟子为代表的“人性本善论”在中国传统文化观念中取得了主导性的地位。毋庸讳言，“人性本善论”在对理想人格的培养和激励方面自有其合理的因素。按照这种理论，既然人的本性是善的，只要充分运用各种教育手段，使人性中的善端发挥出来，人皆可以成尧舜。宋代学者范仲淹在《岳阳楼记》里所说的“不以物喜，不以己悲。居庙堂之高，则忧其民；处江湖之远，则忧其君。是进亦忧，退亦忧。然则何时而乐耶？其必曰，‘先天下之忧而忧，后天下之乐而乐’”，正是传统中国社会中的理想人格的典型写照。然而，“人性本善论”也蕴含着不合理的因素。

一方面，既然肯定人性根本上是善的，其中也就必定蕴含着对法律的漠视。为什么？因为法律是一种外在强制的手段，假如人性之善是内在的，也就没有必要用外在强制的手段来制约人的行为。林语堂先生在《中国人》一书中认为：“中国人不接受法制，总是喜欢‘仁’政。”[2]因为中国人从“人性本善论”出发，对任何非人性的东西（包括法律和政府的机械观念）都十分痛恨，从而“使得一个法制政府在中国简直无法生存。一个生机勃勃、严格依法办事，真正不徇私情的政府从来没有成功过”[3]。梁漱溟先生在《中国文化要义》一书中也强调，传统中国社会是一个以伦理为本位的社会。既然伦理起着法律的作用，那么真正意义上的法律自然也就被边缘化了。无独有偶，冯友兰先生在《新原人》中所说的人生的四个境界，即自然境界、功利境界、道德境界和天地境界，前三个境界都是从道德上加以论定的，一点也看不到法律和法权人格对人生境界的影响。自近代以降，由于中国的启蒙运动一直处于时断时续的、边缘化的状态中，所以通常作为启蒙运动产物的民法（其核心观念是人权观念）至今仍然处于草案状态中。自1978年改革开放以来，尽管每年都有多部法规推出，但它们很难内化为人们心中的权威，很难成为他们行为中的指导性的力量。事实上，“人性本善论”本身蕴含的就是单纯的道德维度，因为善恶问题通常是在道德学的范围内进行讨论的，所以这一观念自身就隐含着对法律理念的排斥。

另一方面，既然肯定人性根本上是善的，那么人们在政治生活中就会自然而然地倾向于“人治”的思路，即倡导“好人政治”“贤人政治”或“圣人政治”，而西方的分权政治和权力制衡的理论在中国则缺乏相应的文化土壤。传统中国社会虽然设有御史制度，皇帝有时也会派出钦差大臣去处理一些棘手的事情，或采取“分而治之”的手法管理臣僚，但在历代皇帝“家天下”的主导语境下，这类权力牵扯的手段只是政治上的机巧权术，而不是理性上的制度安排，它们起不了实质性的作用。正如林语堂先生所说：“作为一个国家，我们在政治生活中一个最突出的特点就是缺乏一部宪法，缺乏民权思想。……我们认为政府官员是‘父母官’，他们实行的是‘仁政’。他们会像照看他们自己的孩子们的利益那样照看人民的利益。我们放手让他们去处理一切事务，给予他们绝对的信任。我们把数以百万计的钱放在他们手中，但从不让他们汇报开支情况。我们给了他们以无限的权利，却从未想到过如何保护自己的权利。”[4]其实，林语堂先生这里批评的“仁政”或“好人政治”正是以“人性本善论”作为思想基础和出发点的。既然人性是善的，也就没有必要在政治上对官员的权力进行监督和制衡，更没有必要把这类监督和制衡制度化。在这个意义上可以说，分权政治与权力制衡的政治诉求都不可能在中国传统文化的主导性观念“人性本善论”的基础上诞生出来。

与中国传统的文化观念不同，在西方传统文化中占主导地位的是“人性本恶论”。这种观念在基督教所倡导的“原罪说”中获得了经典性的表现。黑格尔在《小逻辑》(1817)中指出:“教会上有一熟知的信条，认为人的本性是恶的，并称本性之恶为原始的罪恶。依这个说法，我们必须放弃一种肤浅的观念，即认为原始罪恶只是基于最初的人的一种偶然行为。其实由精神的概念即可表明本性是恶的，我们无法想象除认人性为恶之外尚有别种看法。”[5]显然，“人性本恶论”的长处是：重视法律对人的行为的外在约束作用，重视分权政治和权力制衡。事实上，分权政治和权力制衡理论也只能在“人性本恶论”的基础上产生。这个道理是非常清楚的：因为人性本恶，所以出来担任政府公职的人也会做坏事，因而必须对他们的权力进行制衡。

然而，“人性本恶论”也有其致命的弱点：既然人性根本上就是恶的，人类之救赎就是不可能的，而上帝在完成创造世界和人类的任务后，本来已经无事可做了，由于人类从伊甸园里堕落，他不得不承担起第二个任务，即救赎人类。然而，既然人类是不可能被救赎的，上帝的存在便是多余的，因而尼采出来宣布，上帝已死（Gott ist tot）。尼采的这句名言表明，基督教文化已经陷入困境。

从对东西文化中主导性的人性观的比较中可以看出，中国传统文化的核心观念之一"人性本善论"只能导致"人治"+"伦理"的"好人政治"，而这种政治必定蕴含着对法权人格、现代民法和权力制衡理论的拒斥。

清官意识的政治诉求

众所周知，中国传统社会是以自给自足的自然经济为特征的农业社会。在这样的社会中，农民和小资产阶级构成了汪洋大海。这就启示我们，在探索中国传统文化的政治诉求时，绝不能撇开这个汪洋大海。事实上，当代中国人不仅背负着传统的小农经济社会留下的物质遗产，而且也传承了其精神遗产，如观念上的崇古、心态上的封闭、利益上的重己、行为上的拖沓、纪律上的散漫。当然，从政治上看，最重要的精神遗产则是所谓"清官意识"，即民众把国家的兴旺、民族的繁荣、生活的幸福都寄托在那些能施仁政的、廉洁自律的"清官"身上。比如，民间流传着关于包拯、海瑞、狄仁杰等清官的许多传说。所谓"当官不为民做主，不如回家卖红薯"的民谚也表明，在传统中国社会中，清官意识既是老百姓的普遍的政治理想，也是有良知的官员得以自勉自律的政治目标。

然而，在传统的中国社会中普遍地得到认可的这种清官意识不仅是落后的、愚昧的，而且也蕴含着极其错误的政治诉求，值得引起我们的高度重视。首先，这种意识完全寄希望于“人治”，即依靠清官替自己做主，而从不考虑自己如何出来做主，也从不考虑如何把合理的政治观念制度化，从而既确保每个公民拥有神圣不可侵犯的权利，也确保绝大部分官员能够成为廉洁自律的清官。其次，这种意识永远不可能对传统中国社会中的统治阶级的统治构成任何威胁。当老百姓对某些贪官污吏发生信任危机时，历代统治阶级往往使用“避雷针”原理进行处理，即用其他名声较好的清官来取代这些贪官。于是，老百姓的怨恨和愤怒也就通过“避雷针”，即那些下台的贪官而传到地下去了。在这个意义上，清官常常在客观上充当了统治阶级平息老百姓愤怒，从而使自己的王朝苟延残喘的“避雷针”的作用。再次，这种意识蕴含着一种极端错误的政治诉求，即对“不受限制的政府权力”的无限崇拜。正如马克思在分析路易·波拿巴时期的法国小农时所指出的那样:“这样，法国国民的广大群众，便是由一些同名数简单相加形成的，好像一袋马铃薯是由袋中的一个个马铃薯所集成的那样。……他们不能代表自己，一定要别人来代表他们。他们的代表一定要同时是他们的主宰，是高高站在他们上面的权威，是不受限制的政府权力，这种权力保护他们不受其他阶级侵犯，并从上面赐给他们雨水和阳光。所以，归根到底，小农的政治影响表现为行政权支配社会。”[6] 显而易见，这种崇拜政府权力或行政权力的政治意向和诉求，构成了现代民主政治制度建设的思想障碍。

我们记忆犹新的是，20世纪八九十年代，随着亨廷顿的《变化社会中的政治秩序》一书的翻译和出版，在中国带来了一股“新权威主义”思潮。所谓“新权威”，也就是在现代中国社会中握有行政权力而又能够廉洁自律的领导干部。新权威主义认定，新权威将会坚定地推进中国的市场经济和民主政治的发展。但它无法说清其理论中的一些重要环节：其一，在现代性的政治体制中，如何确保这样的新权威能够被老权威发现、推荐并遴选出来；其二，如何确保新权威一定会沿着推进中国的市场经济和民主政治的发展的方向，来发挥自己的政治作用；其三，寄希望于新权威而不是建设合理的制度和法律，是否又退回到“人治”的老路上去了。其实，说穿了，所谓“新权威”，也就是传统中国社会中的“清官”。在这个意义上可以说，新权威主义乃是清官意识在新的历史条件下的表现方式。由此，我们发现，清官意识始终是活跃于当代中国人政治意识中的一个幽灵，而其政治诉求则是对高高在上的行政权力的崇拜，它并不可能为现代民主政治及其制度的建设提供动力。

实用理性的政治诉求

什么是“实用理性”呢？李泽厚先生在《漫说“西体中用”》一文中这样写道：“所谓‘实用理性’就是它关注于现实社会生活，不作纯粹抽象的思辨，也不让非理性的情欲横行，事事强调‘实用’‘实际’和‘实行’，满足于解决问题的经验论的思维水平，主张以理节情的行为模式，对人生世事采取一种既乐观进取又清醒冷静的生活态度。它由来久远，而以理论形态去呈现在先秦儒、道、法、墨诸主要学派中。”[7]在李泽厚先生看来，实用理性具有如下的特征：第一，它不崇拜任何抽象的理念、信仰和思辨，但仍能保持一种冷静的、以理节情的生活态度；第二，它本质上是一种讲究实用、实际和实行的经验论的思维方式；第三，它并不是从当今中国社会中产生出来的，而是古已有之的。

李泽厚先生还强调，中国人的实用理性不同于美国现代的实用主义思潮。如果说实用主义不过是一种工具主义，那么，实用理性则有以天道和人道为基本构成因素的世界观模式和行为规范。然而，这种世界观模式和行为规范并不是西方意义上的宗教信仰，它并不包含非理性的信仰因素和情感因素，它并不妨碍中国人离弃自己原有的东西，而去接受外来的、更有价值的东西。李泽厚先生甚至认为，实用理性具有“为维护民族生存而适应环境、吸取外物的开放特征。实用理性是中国民族维护自己生存的一种精神和方法”[8]。

毋庸讳言，中国人的反抽象主义的实用理性的思维方式和行为模式在中华民族的生存和发展中起过重要的作用。事实上，当代中国人的思维方式和行为模式也完全可以用实用理性命名之。然而，这种实用理性是否就像李泽厚先生所认为的那样是完美无缺的呢？我们的回答是否定的。

首先，实用理性把效用和功利提升到前所未有的高度上。然而，世界上却有许多事情比效用和功利更重要。比如，在日常生活中，当人们把效用和功利理解为爱情和友谊中的最高原则时，爱情和友谊实际上已经死亡了。再如，在宗教信仰中，当人们强调“无事不登三宝殿”（“三宝殿”指佛殿。这个句子的意思是，当佛对我有用时，我才去拜佛。对于这样的信徒来说，与其说他是去“拜佛”，不如说他是去“用佛”）时，信仰实际上也已经荡然无存了。[1]这就启示我们，实用理性对效用和功利的过度张扬，在很多场合都会形成“急功近利”的现象，并把人的思想和行为引上错误的轨道。

其次，实用理性蕴含着一种自然而然的政治诉求，即对民主政体必定会拥有的抽象程序和相关的制度安排的排斥。这是因为这种理性看重的是效率和实际效果，因而很自然地把程序正义和权力制衡理解为“烦琐”“低效”，甚至曲解为“扯皮”。比如，美国总统布什提出发动海湾战争的动议后，这个动议光在国会里就讨论了几个月。在不少人看来，这种“扯皮式的”讨论使美国贻误了最佳时机。然而，按照美国的民主政治制度的程序，布什的动议必须先获得国会的通过，否则就不具有政治上的合法性。事实上，以实用理性作为自己思考和行为的出发点的人，无论是对自己与之打交道的周围事物来说，还是对自己在行为上必须考虑的规范来说，都把当下状态中的得心应手理解为自己追求的目标或理想。而这样的理想或目标必定会与从人类更长远、更全面的

---

1 这种以实用理性为基础的宗教信仰态度，也表现在中国人对基督教的信仰中。我在访问美国和加拿大的时候，发现在这两个国家留学的中国的不少科技人员都信仰基督教。据说，有个中国科技人员以如下的方式向上帝祷告：“感谢上帝，我女儿的签证终于出来了。”其实，这种祷告方式表明，他骨子里仍然是一个无神论者。在我看来，他的祷告词应该被理解为：“上帝呀，如果你不能解决我女儿的签证，我是不会信仰你的。”不少学者对当前各种宗教势力在中国大陆的发展深表忧虑。在我看来，问题似乎并没有他们所设想的那么严重，因为中国人的宗教信仰是以实用理性为基础的，而实用理性的核心原则是效用和功利。也就是说，只要中国人信仰的对象是缺乏效用和功利的，这样的信仰迟早会被他们所抛弃。

理性思考中确立起来的抽象程序发生冲突。反之，实用理性与我们前面讨论的传统中国社会中的“人治”状态具有更多的亲和性。在这个意义上可以说，实用理性蕴含的政治诉求也是不利于民主政治体制的建设的。

最后，实用理性也包含着某种特殊的补偿机制，而在这种补偿机制的引导下，人们甚至可以出让自己的政治权利、自己人格上的尊严。众所周知，《圣经》中的以撒为了一碗红豆汤而出卖长子权，从而获得了千古骂名。其实，在《圣经》讲述的这个故事中，一碗红豆汤可以被视为经济利益，而长子权则可被视为政治权利。从雅各的角度看，他一直窥视着以撒的长子权，他狡猾地牺牲了一碗红豆汤来换取以撒的长子权。而从以撒的角度看，只要有一碗红豆汤可以补偿自己，出让自己的长子权也无所谓。而以撒之所以招来千古骂名，是因为一碗红豆汤不过是蝇头小利，而长子权则是他从父亲那里继承过来的全部财产。

显然，《圣经》中的这个有趣的故事可以帮助我们理解包含在中国人的实用理性中的补偿机制。或许我们可以把当代中国人可以获得的权利和利益划分为三个领域，即经济领域、文化领域和政治领域。所谓“补偿机制”主要是指：只要当代中国人在经济或（和）文化领域中获得权利和利益上的某些补偿，他们就会自愿出让或限制自己在政治上的某些权利和利益。比如，不少中国人把人权首先理解为生存权和发展权，以为只要允许自己生存和发展，也就等于在政治上获得了人权。其实，人权乃是人在政治上有尊严地活着并发展自己。如果在人权与生存权和发展权之间画上简单的等号，那么奴隶社会也能宣布自己是合理的了。由此可见，实用理性隐含的这种补偿机制暗示了民主政治建设在中国的艰难性和曲折性。事实上，国外理论家之所以常常对当代中国社会的发展做出错误的判断，其中一个重要的原因，是他们对当代中国人所普遍认同的这种实用理性及其补偿机制缺乏深入的了解。

相应的启示

通过上述三方面的考察，我们对隐藏在中国传统文化观念中的政治无意识获得了新的认识，从而也对中国民主政治体制的建设获得了新的认识。

首先，应该坚定不移地推进市场经济的发展和社会的转型。正如马克思在《哥达纲领批判》中所说的："权利决不能超出社会的经济结构以及由经济结构制约的社会的文化发展。"[9]在马克思看来，文化观念的发展是受社会的经济结构制约的。也就是说，要扬弃传统的文化观念，从根本上看，就要坚定不移地推动市场经济的发展和社会的转型。只有经济结构、社会结构和文化观念都发生了巨大的变化，谈论相应的政治上的权利才变得可能。

其次，应该补上启蒙这门课。只要回顾一下中国的近代史，我们就会发现，连续不断的外患使启蒙这一思想文化主题一再被耽搁，并被边缘化。20世纪六七十年代以来，西方后现代主义思潮的兴起及对现代性和启蒙的批判性反思，又在知识分子中助长了对启蒙的拒斥。其实，当代中国人的处境很滑稽，他们连启蒙的正面价值也没有分享过，就开始糊里糊涂地跟在西方后现代主义理论家的后面，全面地批判启蒙的负面价值。其实，启蒙运动所蕴含的普遍价值——人权、人格、人性、个性、平等、民主、自由、正义等——构成了现代文明社会的基本价值。在所有这些基本价值中，“人权”（human rights）乃是核心价值；而在中国传统文化中，根本就没有“权利”这样的概念。第一，为什么当代中国人的权利意识仍然如此淡薄？因为他们并没有真正地经过启蒙的洗礼。第二，为什么当代中国人在思想文化领域里不能把“个人主义”与“极端个人主义”严格地区分开来，并经常把“个人主义”当作“极端个人主义”加以批判？因为他们不明白，启蒙开启的正是个性和个人本位，而“个人主义”肯定的也正是个性和个人本位，它与“极端个人主义”是两个内涵完全不同的概念。第三，为什么民法在当代中国社会中至今仍然处于草案状态？因为一般说来，民法正是启蒙运动的产物，而民法所要界定的正是作为公民的个人所应有的权利和义务。与此同时，在市场经济和启蒙所开启的个人本位的文化背景中，逐步形成普遍的、自觉的法权人格和道德实践主体。这就启示我们，像中国这样的发展中国家仍然需要经过启蒙的洗礼，从而为现代社会的政治文明建设准备坚实的文化土壤。

最后，应认真学习国外政治哲学研究的丰硕成果，深入批判中国传统文化观念及其相应的政治诉求，重新探索有关人性和人的本质的理论，把实用理性提升为价值理性，从而为现代社会的民主政治制度的健全提供强大的文化支援意识。

［原载《探索与争鸣》2009年第4期］

参考文献

[1] Fredric Jameson, The Political Unconscious, New York: Cornell University Press, 1981: 70.

[2][3][4] 林语堂，郝志东、沈益洪译. 中国人. 上海：学林出版社，1994：122、103、209.

[5] 黑格尔，贺麟译. 小逻辑. 北京：商务印书馆，1980：91—92.

[6] 马克思恩格斯选集（第1卷）. 北京：人民出版社，1995：677—678.

[7][8] 李泽厚. 中国现代思想史论. 北京：东方出版社，1987：320、322—323.

[9] 马克思恩格斯选集（第3卷）. 北京：人民出版社，1995：305.

从哲学的元问题谈起

现在，理论界都在谈论哲学的改革，然而从已发表的著作和论文来看，真正有见地的，特别是有突破性见解的还是鲜见的。我认为，要打破这种局面，就不能满足于在一些小问题上做文章，而要从哲学的元问题入手。

哲学的元问题是什么呢？不少人认为，元问题也就是基本问题，即思维与存在的关系问题。其实，哲学的元问题应该是，什么是哲学？这个问题比哲学基本问题更为基本。当我们把思维与存在的关系问题看作哲学的基本问题时，我们已预先设定，我们所理解的哲学是研究存在的本质的。对哲学作如是观，可以说是亚里士多德以来的传统。如果我们局限在这一传统的范围内来谈论哲学的改革，那就只能触及一些枝节性的问题了。

从亚里士多德到黑格尔，西方哲学的主要传统是知识论，知识论追求的是事物的本质、世界的本质，要言之，即存在的本质。而本质性的、一般的东西只有思维才能把握，因而传统哲学自然而然地要把思维与存在的关系作为哲学研究的基本问题。知识论哲学的发展在黑格尔那里达到了顶点。《精神现象学》的最后一个阶段是“绝对知识”，而“绝对知识”正是《逻辑学》这一阴影的王国的入口。

黑格尔去世后，传统的哲学定义立即陷入危机之中。黑格尔面临着三个方面的挑战，这些挑战都是高层次的，即不囿于具体的、枝节的问题，而是直接抓住了“什么是哲学?”的元问题，并阐发出新的见解。

第一方面是克尔凯郭尔、叔本华、尼采等人肇始的。他们非难黑格尔的知识论体系把人淹没了，同样，作为知识论的中心概念的“理性”又把“情感”“意志”“欲望”等吞没了，因而主张哲学要研究个体性（Individualität），研究活生生地存在着的个人。这派哲学思想在海德格尔的以“定在”（Dasein）为基础的基本本体论中获得了典型的理论表现。萨特提出“存在先于本质”的著名命题。如前所述，知识论是专门研究人、事物、世界的本质的，因而这个命题是直接指向知识论的。总之，唯意志主义、生命哲学、存在主义都肯定哲学是以活生生的个人为研究对象的。

第二方面是由摩尔、罗素、维特根斯坦开其先河的科学主义思潮。这一思潮批判黑格尔学说的思辨性和模糊性，其用意是使知识论哲学严密化、科学化，结果却把知识论哲学中的内容几乎全部否定了。哲学成为一种单纯的治疗术，即只有语言和逻辑上的一种批判的功能。

第三方面的发动人是费尔巴哈。费尔巴哈尖锐地批评黑格尔的哲学老是在逻辑范畴中打转，主张哲学应该从思辨唯心主义中解放出来，去研究人、研究自然。费尔巴哈提倡的是人本主义哲学。然而，在他那里，人还是自然的人，而非社会的人。马克思批评了费尔巴哈，在《关于费尔巴哈的提纲》中提出了下面两段重要论述。

旧唯物主义的立脚点是“市民社会”；新唯物主义的立脚点则是人类社会或社会化了的人类。

哲学家们只是用不同的方式解释世界，而问题在于改变世界。

第一段论述强调，应把“人类社会或社会化了的人类”作为新唯物主义的基点；第二段论述强调新哲学的使命是改变世界，而不是单纯地解释世界。这两段论述可以被看作马克思哲学思想的要旨。它们清楚地表明，马克思是反对传统的静观的知识论哲学的。在马克思看来，哲学是研究以人的实践活动为基础的社会生活的。在这个意义上，马克思主义也就是实践唯物主义。

如果把上述三方面对哲学的元问题的回答做一个比较的话，就会发现，马克思的回答是最为深刻的。当我们以马克思的上述见解为基础去探讨哲学时，哲学的基本问题就不再是思维与存在的关系问题，而是人与社会、人与自然的关系问题。我们就能理解马克思对“抽象的物质”、对离开人的自然的批判，也就能把握马克思学说的一个根本性的贡献——创立唯物史观。

总之，哲学的改革只有从“什么是哲学?”这样的元问题入手，才可能重新理解马克思思想的真谛，从而建立一个具有时代精神的、科学的马克思主义哲学体系。

[原载《探索与争鸣》1987年第2期]

为理论创新营造良好的环境

江泽民同志在“七一”讲话中提出了理论创新的必要性和重要性，在“八七”秦皇岛座谈会上则进一步提出了“理论创新、制度创新和科技创新”的口号，并强调要营造符合人才成长特点的环境。应针对专业技术人才的成长和工作特点，努力营造一种尊重特点、鼓励创新、信任理解的良好环境。

把这两个讲话中关于理论创新的观点综合起来，至少可以引申出下面这个重要的结论，即没有良好的环境，任何真正的理论创新都是不可能的。那么，如何才能营造出理论创新的良好环境呢？我们认为，至少可以从以下两个方面做出努力。

一、尊重理论研究者的个性和研究兴趣。正如在大自然里生长着各种不同颜色的花卉一样，在社会生活的领域里，也存在着各种个性不同的人。扩而言之，在理论研究的领域里，也存在着具有不同个性的研究者。如果这些有差异的、迥然不同的个性得不到尊重，理论创新也就失去了它应有的丰富的色彩。我们这里说的“个性”主要是指每个理论研究者的独特的研究风格。比如，有的人崇尚严密的逻辑思维，也有的人推重艺术性的、跳跃式的想象力；有的人喜欢研究重大的现实问题，也有的人热衷于考证思想史上的某个理论命题的真伪；有的人的写作风格是严肃的，也有人的写作风格是调侃型的；等等。有没有必要取消或“统一”这些不同的个性呢？我们认为，完全没有必要。正如马克思所说：“每一特定的生活方式就是本性的一定范围的生活方式。要狮子遵循水螅的生命规律，这难道不是反常的要求吗？”事实上，只有充分重视每个理论研究者的个性，容忍各种不同的研究风格的自由发展，理论创新的激情才能真正地喷涌出来。

同样地，我们也应该尊重理论研究者的不同的兴趣。几乎可以说，每个研究者由于天赋的不同和接受教育过程中出现的差异，自然而然会形成不同的理论兴趣。实际上，理论研究的范围也是无限宽广的，能够容纳各种不同的理论兴趣的存在和展开。然而，在现实生活中，由于我们还没有摆脱计划经济中所蕴含的“计划思想”的思维方式的影响，所以在理论研究中总是片面地倚重“课题指南”，即由少数人通过“拍脑袋”的方式来确定一些研究课题，然后由大家来申请。这样做，完全忽略了不同研究者的不同的理论兴趣。从表面上看，轰轰烈烈，大家一起在做一些重大的课题；实际上，由于这些研究课题引不起广大研究者的真正的理论兴趣，所以收效甚微。有人也许会辩解说：这些课题不是有许多人在申请吗？我们并不否认存在这种情况，但关键取决于“第一申请兴趣”究竟是为了获得课题经费，还是出于真正的理论兴趣。从一些粗制滥造的研究成果的出炉可以看出，前面的兴趣似乎占了上风。由此可见，在理论研究中看重个人的兴趣同样具有十分重要的意义。犹如马克思所说：“如果我向一个裁缝定做的是巴黎式燕尾服，而他却给我送来一件罗马式的长袍，因为他认为这种长袍更符合美的永恒规律，那该怎么办呵！”毋庸讳言，应该把尊重研究者的个性和兴趣理解为良好的研究环境的最重要的内容之一。

二、理解理论研究的特点和规律。长期以来，在理论界存在着一种偏见，即自然科学的理论可以做多次的实验和尝试，而人们却要求哲学社会科学的研究成果一说出来或一写出来就必须是绝对正确的。这种见解可以说完全不懂得理论研究的特点。其实，理论研究只要具有创新的特点，也就永远是探索性的、尝试性的。在这样的探索和尝试中，既有可能提出正确的观点，也有可能提出错误的观点。如果预先规定探索的结果一定要是正确的，才允许人们去探索，那不是很滑稽吗？但在现实生活中，人们就是这样要求哲学社会科学研究者的。如果不抛弃这种不近人情的要求，又有多少人敢进行理论创新呢？

长期以来，理论界存在的另一种偏见是：理论讨论，老是争来争去，耗费时日，究竟有什么意义呢？其实，这种偏见也是完全不懂理论发展的规律所致。马克思早就说过，真理是由争论确立的，历史的事实是在矛盾的清理中被陈述出来的。“百花齐放，百家争鸣”式的讨论本来就是在任何历史条件下学术理论发展的客观规律。没有争论，没有不同思想之间的摩擦，何来理论创新？如果既要人们进行理论创新，又不许不同的观点之间展开深入的理论讨论，那就像要求人们拉着自己的头发离开地球一样，是根本不可能的。其实，马克思早就已经提出了自己的疑问：“你们赞美大自然悦人心目的千变万化和无穷无尽的丰富宝藏，你们并不要求玫瑰花和紫罗兰散发出同样的芳香，但你们为什么却要求世界上最丰富的东西——精神只能有一种存在形式呢？”无数事实表明，哲学社会科学研究中的理论创新是在不同的观点的争论中实现的。反对话语霸权，主张平等的对话和讨论，也是良好的研究环境的重要内容之一。

综上所述，只有积极地为理论研究创造良好的环境，理论研究才会繁荣起来，理论创新才会成为现实。

［原载《探索与争鸣》2001年第10期］

为功利主义伦理观辩护

随着现代化建设的发展和社会转型的加剧，人们从对实际生活的感受出发，对市场经济和道德建设的关系问题给予了愈来愈多的关注。笔者也在此发表一些尝试性的见解。

把握当前道德现象必须澄清的几个概念

在讨论市场经济与道德建设的关系时，各种见解纷然杂陈，造成了一种多样性的外观。实际上，这种外观在相当程度上是由于基本概念不清晰而引起的，因而澄清这些基本概念的内涵乃是一项前提性的、必不可少的工作。

首先，我们在谈论"市场经济"时，实际指称的常常是"中国式的市场经济模式"。而这两个概念是有重大差异的，前者指的是符合概念原则的、理想型的市场经济，这种市场经济在现实生活中是找不到的，但却是人们向往和企求的目标；后者指的是当代中国人正置身于其中的、现实的市场经济的模式，它本身才刚刚起步，并且是从指令性的计划经济中脱胎出来的，因而在许多方面还带着计划经济的胎记和弊病。探讨当代中国社会的道德建设问题，根本上应从中国式市场经济的模式出发。

其次，我们常常随意地使用“道德”或“伦理”概念。确实，在中国传统文化中，这两个概念的区分并不是严格的，甚至经常是可以互换的。当代中国学者也很少注意这两个概念之间的差异。然而，从西方哲学尤其是黑格尔法哲学的眼光看来，这两个概念是有重大差异的。在黑格尔看来，法是他律的、外在强制的东西，单凭法，不足以维系社会；同样地，道德虽然是自律的、受良心制约的，但单凭道德，也不足以维系社会。所以，单纯的法和单纯的道德都是抽象的、不现实的，只有统一道德和法的伦理才是现实的。所以，我们在这里使用“伦理”概念，并按照黑格尔的深邃见解，通过这个概念而把法和道德统一起来。这样，我们就没有必要在讨论中另外再提到法了，因为法已内在于我们所讨论的主题之中。

最后，我们也有必要澄清对“功利主义”概念的一些误解。常常有人望文生义地把“功利主义”和“利己主义”等同起来。诚然，功利主义也包含着对个人的合法利益追求的肯定，但这两种观念是判然有别的。利己主义把一己的利益视为最高的东西，奉行的是“人不为己，天诛地灭”的信条。然而就功利主义而言，它视之为最高的东西乃是“最大多数人的最大幸福”。因而就其本质而言，它更倾向于利他主义，即不以损害他人利益的方式来追求自己的利益，而是在追求自己的利益时充分地尊重他人的利益；甚至在利益发生冲突时，把他人的利益置于自己的利益之上。所以，把功利主义和利己主义等同起来是没有根据的。

总之，我们不能用自然主义的态度去对待这些基本概念；否则，我们的讨论越深入，我们的见解也会越混乱。

在中国式市场经济的背景下，应该确立怎样的伦理价值观？从目前的讨论情况看，我们需要正确认识和评判比较流行的两种见解。

以集体为本位的伦理思想的不足

持以集体为本位的集体主义伦理思想的人虽然不一定同意“以集体为本位”的说法，但实际上，在这种见解中，“集体”始终是一个核心概念。当然，信奉这种见解的人总是强调，他们所说的集体主义和过去在计划经济的框架中所说的集体主义有原则上的不同：过去讲的集体主义常常把集体和个体尖锐地对立起来，甚至以极端的方式排斥个体的利益；而现在讲的集体主义虽然作为前提也肯定集体利益比个体利益更重要，但它主张个体与集体的利益和义务的双向统一。要言之，现在讲的这种集体主义伦理体系力图从集体的利益和义务这一基点出发，来调节个体、集体、国家这三者的利益和义务关系。这种伦理体系虽然承认不同层次的利益关系的存在，但又拒斥功利主义的提法，认为自己的立场乃是功利原则和道义原则的统一。

这种见解看起来似乎是很全面的，实际上却存在着一些难以逾越的困难。

第一，“集体”这一概念是模糊不清的。有时候，他们认为，整个国家或社会都是集体；有时候，当他们探讨个体、集体、国家这三者的关系时，集体又是作为个体和国家之间的中介物而出现的。乍看起来，在这里，“集体”概念的含义已十分清楚，但如果我们追问究竟什么样的团体可以称为集体，我们马上又会坠入五里雾中。比如，家庭和家族算不算一个集体？一个学术团体算不算集体？谈论集体主义的人常常举企业为例。但这个概念有其确定含义，我们至多用它来涵盖各种厂矿企业（包括乡镇企业）和各种事业单位，但却无法把农村里的家族、城市和农村里的党派组织乃至黑社会的团体等概括进去。即使就企业这一最典型的集体来说，要将其阐释清楚也是十分困难的。比如，一家私人独资经营的企业，从外观上看，它具有企业的集体利益；但同时，这种利益又是企业主本身的个体利益。对于这样的企业来说，集体主义伦理的实际含义究竟是什么？又比如，一家股份公司，作为一个集体，它的发展方向取决于各股东所出的股份之间的比值。在这种情况下，我们又如何来界定这家公司的集体主义伦理的基础？总之，坚执于集体主义伦理体系的人恰恰对于“集体”这一概念在生活世界中的无限多样性缺乏深入的思考。实际上，他们只是从国有企业这样的集体出发，试图建立一个具有普适意义的集体主义伦理体系，这显然是不现实的。

第二，市场经济的一个基本规则是资源的优化配置。在这个意义上，集体和集体主义都不可能成为基础性的东西，因为在这种经济生活的背景下，任何原有集体的解构和任何新集体的确立都是以资源的优化配置为基础的。也就是说，集体本身失去了那种计划经济加在它身上的神圣的灵光圈。不管某个集体信奉如何崇高的伦理观念，它一旦由于不能达到资源的最优配置而不能盈利时，等待它的只能是破产的命运。

第三，集体利益并不是可抽象地谈论的东西。假设有一家集体所有制或国有制的企业，当它靠不法手段（如生产假冒伪劣商品）而获利时，这种集体利益应当得到肯定吗？我们还可以进一步追问：当这家企业的一个雇员履行经济合同要他承担的义务，积极地参与伪劣商品的生产并获得他的一份利益时，集体和个体之间虽然有了双向的利益和义务的统一，但这种统一难道是我们愿意提倡的吗？

第四，认为集体主义有一种比功利主义更高的伦理境界不过是一种天真的幻觉。在市场经济的背景下，不仅一个集体有无资格存在，甚至它以何种方式存在、它能存在多久，都取决于这个集体的组建者的功利性的目的。因此，重要的并不是笼统地谈论集体主义的种种优点，而是先行地领悟集体主义在市场经济中的确切含义和运用的界限。

个体主义伦理思想的偏失

持有这种见解的人总是强调，个体主义或个人主义与自私自利或极端个人主义有本质的差异。个体主义只限于肯定个人的独立人格、个人的权利和义务以及个人对合法利益的追求；同时，个体主义也强调尊重他人对合法利益的追求。抽象地看来，个体主义和集体主义的名词虽异，但二者似乎都主张个体利益与集体利益并重；不过分析下去，二者还是有差异的：个体主义侧重于强调个体利益的基础性和不可侵犯性，集体主义则侧重于强调集体利益的基础性和至上性。

从市场经济发展的背景来看，以个体为本位的个体主义伦理体系的兴起是有其历史理由的。一方面，市场经济的日常生活是在契约关系中展开的，而在凡是涉及个人的契约关系中，个人都是作为独立人格出现的。举例来说，个人如果不能作为独立的人格自由地支配自己的劳动，那么现代意义上的企业单位就不可能产生。另一方面，市场经济的根本动力乃是人们对更多利益的追求，如果某个个人从一个单位“跳槽”到另一个单位的话，那么他的行为正是以个人为本位的，而且在道德上是无可谴责的。尤其是当大量民工以分散的状态涌入城市时，他们从生存方式到伦理行为都是以个人为本位的，我们用哪种集体主义观念去规范他们呢？事实上，如果我们假定农民在农村生活的乡、镇或县都是集体，而农民能服从在这样的集体的基础上形成的集体主义的话，那么民工潮似乎也就很容易平息了。

从上面的分析可以看出，以个体为本位的个体主义伦理体系的兴起是有其历史渊源的。然而，这种伦理体系也有自己的弱点。第一，这种伦理体系把个体的利益视为出发点，因而虽然能尊重他人和集体的利益，但常常对这样的利益取敬而远之的冷漠态度；当自己的合法的利益追求和他人或集体的合法的利益追求发生冲突时，人们常会把自己的利益置于他人或集体的利益之上。第二，个体主义作为对与计划经济相适应的无个体的集体主义的一种反拨，虽然强调个体的权利和义务并重，但它真正重视的乃是个体的权利。要言之，以个体为本位的个体主义伦理体系虽然容易激起个体追求利益和创造的生命热情，但又极易使个体之间的关系处在冷漠的状态之中。萨特关于“他人就是地狱”的名言说出来的正是这种冷漠，甚至是充满了相互敌视的人际关系。

在中国式市场经济的背景下，上面两种伦理体系虽然都可以在一定的范围内发生作用，但却缺乏普适性。那么，什么样的伦理体系才具有较高的有效性和普适性呢？

为功利主义伦理观辩护

我们认为，与中国式市场经济的发展相适应并能产生积极的范导作用的乃是以个体间性为本位、以功利主义为主导的伦理体系。为什么我们在这里要采用“以个体间性为本位”的新提法呢？因为这一提法与“以个体本位”或“以集体为本位”的提法比较起来更为合理。如前所述，“以个体为本位”的提法必然会导致个体之间的冷漠关系，而以个体间性为本位也就是以个体与个体之间的合理交往为前提，因而必然会使个体之间的关系显得更为密切。独立人格是相对于个体而言的，但就其现实性而言，它存在于个体间性中。当一个人因欺骗别人而获利时，他也许会沾沾自喜。然而他忘记了，他损害别人人格的时候，实际上也赋予别人损害自己人格的权利。也就是说，他在毁坏别人人格的同时，也在毁坏自己的人格。这种毁坏如果不受遏制地蔓延开去，那么其逻辑结果就是毁坏所有人的人格。反之，当一个人把他人视为目的并尊重他人的人格和权利时，他人也会把他视为目的并尊重他的人格和权利。在这个意义上我们可以说，独立人格也好，个体的权利和义务也好，它们都在个体间性中获得了真正的实现。另外，当人们假定以集体为本位时，还得先行地假定任何个体都归属于一定的集体，但许多个体处在集体的边缘地带，甚至处在无集体的状态之中，正如前面已提到过的那些涌向城市的民工、那些游荡在社会上的闲散人员、那些刚从一个单位“跳槽”而尚未被其他单位接受的人等等。这样的人有可能不从属于任何一个集体，但他却不可能不进入个体间性，因为他只要生存在世，他就不得不和他人打交道，个体间性是无法超越的。总之，以个体间性为本位来确立伦理观念，不光是更合理的，也是最具普适性的。

那么，我们为什么要以功利主义作为主导性的伦理思想呢？这是因为，第一，任何模式的市场经济都是以功利性为根本特征的。尤其是中国的市场经济才刚刚起步，我们在观念上，尤其在伦理观念上还受到与市场经济和现代化发展趋向相抗衡的种种旧伦理观念的影响。在这种情况下，肯定功利主义伦理思想的范导作用，不论对于独立人格的形成，还是对于市场经济的发展，都是有积极意义的。第二，有人也许会说，功利主义的道德并不是很高尚的道德，怎么可以把它作为主导性的伦理思想进行肯定呢？诚然，功利主义并不是一种很高尚的道德观念，从康德的义务论的道德观念看来，以功利性为基础的道德观念甚至被认为是不道德的。但是，对当代中国社会的发展来说，在相当长的一段时间内，选择功利主义是现实的。一方面，在伦理观念上不能搞“拔苗助长”，我们过去的一个惨痛的教训是：用一种过高的伦理思想来要求所有的人，从而导致讲假话流行；也就是说，不切实际地倡导一种过高的伦理思想，不但不能更好地规约人们的行为，反而会导致社会的普遍虚伪。另一方面，社会的道德水准是分层的。如果我们把道德水准分为两层，一层是民众道德，另一层是精英道德，那么我们不得不承认，绝大多数的社会成员的道德水准应属于民众道德水准的范围。而在市场经济刚起步不久的当代中国社会，我们不能不选择功利主义作为民众道德观念的范导原则。至于适应少数人的精英道德，虽然可提升得比较高，甚至达到时下不少学人所说的超越的层面，然而，用这种道德去规约社会成员的行为并不是明智的。我们永远只能做到我们有条件做到的一切，这就是我们的现实境遇。

确立以个体间性为本位、以功利主义为主导的伦理体系，也就是从个体间性和功利性的基本原则出发，来规定个体的权利、义务、责任、行为规范，把法的精神和道德精神紧密地结合起来。确立这样的伦理体系，既可避免以个体为本位的伦理思想的偏失，又可避免以集体为本位的伦理思想的不足，为我们走出伦理困境打开一条新的道路。

［原载《探索与争鸣》1995年第2期，与曾凡清合著］

俞吾金教授在本刊刊发文章一览表（1987—2014）

序号	篇名	期数
1	批判理论的界限——对法兰克福学派主导思想的反思	2014-12
2	历史没有旁观者	2014-11
3	左翼理论家们的阿基里斯之踵——以对拉克劳思想的剖析为例	2014-01
4	我们该在何种意义上使用文化——对“文化自觉”的元批判	2013-01
5	从思想世界降到现实世界——马克思对黑格尔及青年黑格主义者的唯心主义历史观的批判	2012-11
6	“社会风气”应当如何理解	2012-01
7	重思马克思主义与现实的关系	2011-12
8	我们究竟需要怎样的人文精神	2011-01
9	对“马克思热”的冷思考	2010-10
10	历史大错位中的文化价值重建	2009-11
11	中国传统文化观念的政治诉求	2009-04
12	对马克思主义中国化主体的反思	2009-01
13	走进文本与走出文本——观念主义批判	2007-07
14	人体解剖是猴体解剖的钥匙——历史主义批判	2007-01
15	形式主义批判：对当代中国文化病症的反思之一	2006-08
16	告别“自说自话”的时代——社会转型与学术研究方式的嬗变	2005-11

续表

序号	篇名	期数
17	青少年思想道德建设的理论向度	2004–07
18	城市文化要走内涵发展的道路	2003–06
19	上海城市精神探讨之我见	2003–04
20	超越实用理性拓展人文空间	2002–10
21	“人的全面发展”问题之我见	2002–08
22	对“创造教育”的前提性反思	2001–11
23	为理论创新营造良好的环境	2001–10
24	新世纪与哲学发展的新理念	2001–01
25	向生活世界的辩证法复归	2000–11
26	我国现代化理念面临挑战	1999–01
27	各行为主体都面临观念的转换	1997–02
28	“硬扶贫”与“软扶贫”	1996–09
29	独立人格是当代中国人伦关系的基础	1996–03
30	科学精神与人文精神必须协调发展	1996–01
31	中国社会协调发展的理论前提	1995–10
32	科学技术、科学精神与科学主义	1995–03
33	为功利主义伦理观辩护	1995–02
34	功利主义道德对中国市场经济发展具有积极的范导作用	1994–01
35	马克思的意识考古学方法	1992–03
36	从哲学的元问题谈起	1987–02

后　记

不思量，自难忘。俞吾金先生离开我们已经十年了。《探索与争鸣》编辑部全体同仁编辑出版了《历史没有旁观者》这本书，既是为了表达我们对俞吾金先生无尽的思念，也是为了更好地感悟先生的思想和人格，让哲人的思想继续关照时代，与时代同行。哲人其萎，但其思想和人格依旧闪耀着不灭的光芒。

俞吾金先生生前是复旦大学文科资深教授、哲学学院教授、当代国外马克思主义研究中心主任，是全国哲学学科首位长江学者特聘教授。先生是我国著名哲学家，是当代最有影响力的学者之一，他在哲学基础理论、马克思主义哲学、外国哲学、国外马克思主义、中国哲学文化等领域都有精湛研究，为推进中国当代哲学的发展做出了卓越的贡献。俞吾金先生也是杰出的教育家，培养了许多杰出和优秀的人才，是全国优秀教师和国家级教学名师。先生是新时期学科建设的重要领导者和组织者，为马克思主义哲学、国外马克思主义哲学、外国哲学等学科的学科建设和发展做出了重要贡献。更令人肃然起敬的是，俞吾金先生还是大众文化和公共领域有影响力的著名学者，他既读圣贤书，又闻窗外事，对他所处的时代投入了极大的热情，对社会现实和文化现象进行了广泛的分析和评论，对新时期的思想启蒙和公众意识的健康发展起到了重要的推动作用。

俞吾金先生生前是《探索与争鸣》的老作者、老朋友，与编辑部同仁结下了深厚的友谊。《探索与争鸣》杂志创刊于1985年，俞吾金先生1984年留校任教后，即对刊物的发展给予了极大的支持。从1987年的《从哲学的元问题谈起》到生命最后岁月的2014年的《批判理论的界限——对法兰克福学派主导思想的反思》，在与编辑部交往的岁月里，俞吾金先生不遗余力呵护着这个改革开放的新生儿，总是把他最前沿、最敏锐的思考奉献给《探索与争鸣》杂志，27年间竟然为《探索与争鸣》撰写了36篇文章。俞吾金先生从不写没有学术创见的文章；他也只会参加自己有深入研究并能做出实质思想贡献的会议，对于不熟悉的会议主题，他会告诉我们，这方面他不懂，因此不便参加；先生每次发给编辑部的文章，内容精湛，形式完善，文字流畅优美，几乎无须编辑修改。这些文章不仅扎根于理论深处，也常常站在时代前沿，启发读者思考哲学与现实的交融，不仅影响了当时当代，至今依然绽放着不朽的光芒。今天我们重读这些文章，依然能感受到它们非凡的思想穿透力，感悟到俞吾金先生丰碑的力量。

30年间，俞吾金先生始终与《探索与争鸣》编辑部的同仁们保持着深厚的友谊。除了把重要的文章交给《探索与争鸣》发表外，作为学术指导委员会的委员，他还深度指导和参与《探索与争鸣》的办刊工作，提出了很多有影响力的建议。刊物能成长到今天，是与俞吾金先生的关怀和呵护分不开的。曾记得，有一段时间的每年秋天，无论多忙，俞吾金教授都会参加《探索与争鸣》编辑部组织的学术笔会。我们深入到安徽、江西、浙江、江苏的大山深处，在层峦叠嶂的秋色中，不停感悟大自然，也在不停争辩。曾经有多少次，我们白天爬山，晚上灯下讨论，大家经常为一个学术问题争论得面红耳赤，而参与争论的那个最闪亮的主角永远是俞吾金先生。在先生眼里，也许唯有真理才能让他折服。至今思来，先生的深厚学养与人格魅力依然让我们动容。现在想来，先生在学术上真正做到了入乎其内、出乎其外。他不仅潜心研究马克思主义哲学、国外马克思主义哲学、外国哲学等，同时注重用学术理论来思考中国的重大现实问题，用哲学思想来把脉时代的精神状况。这种治学理念和学术实践是与《探索与争鸣》的办刊理念高度契合的。也正是有像俞吾金先生这样的一批学者的鼎力支持，《探索与争鸣》才能在蹒跚中走过的40年发展历程中始终初心不改。

本书的书名《历史没有旁观者》，源自俞吾金先生2014年发表在本刊上的同名文章，“历史没有旁观者”既体现了先生的治学理念和本书的精神内核，也是一位马克思主义者的学术宣言。我们身处大时代，亦是局中人，再冷漠的人，也无法冷眼旁观历史，我们每个人都以不同的实践方式参与时代，见证历史进程。我们也期待，通过《历史没有旁观者》这本书，能再次重温并学习先生深刻、厚重的学术思想，感受他富有洞见和批判精神的文字，体会他在学术上的不懈追求。

本书的出版得到了俞吾金先生夫人张德堃女士及高足阮凯博士的支持，还得到了北京大学赵敦华、仰海峰，复旦大学吴晓明、汪行福、孙向晨、张双利等诸位师友的支持，吴晓明、赵敦华、汪行福三位先生为本书撰写了感人至深的序言。本书的出版不仅是对俞老师去世十周年的纪念，也是对我们编辑部与俞老师多年合作的最好回顾。我们相信，俞吾金先生的思想还将继续影响中国的学术界，他的精神将永远与我们同在。正如他所言，历史没有旁观者。愿先生的学术思想永远传承！

《探索与争鸣》编辑部

图书在版编目（CIP）数据

历史没有旁观者 / 俞吾金著 . — 北京：商务印书馆，2024.（2025.9 重印）—
ISBN 978 － 7 － 100 － 24633 － 0

Ⅰ. B03

中国国家版本馆 CIP 数据核字第 2024MB8916 号

历史没有旁观者

俞吾金 著

商 务 印 书 馆 出 版
（北京王府井大街36号 邮政编码 100710）
商 务 印 书 馆 发 行
上海中华印刷有限公司印刷
ISBN 978 － 7 － 100 － 24633 － 0

2024 年 11 月第 1 版　　开本 890 × 1240　1/32
2025 年 9 月第 2 次印刷　　印张 8¼

定价：68.00元